朝まだ暗いうちから延々と続くニャチャンの海岸に人、人、人

ブンタオの海岸にて（南シナ海のリゾート地）

ニャチャンの丘の上にある７、８世紀に建造されたチャム建築の遺跡

レックスホテル前。ホーチミンの中心にあり、夜はライトアップされ、観光名所にもなっている

蝶が舞うような白いアオザイを着た女子学生の下校風景

ホーチミンの街角。街の中は一日中ごった返している

市場の中には商品が山のようにあふれている

# XÚC《スック》 DỘNG《ドン》 VIỆTNAM《ベトナム》

# 感動！ベトナム

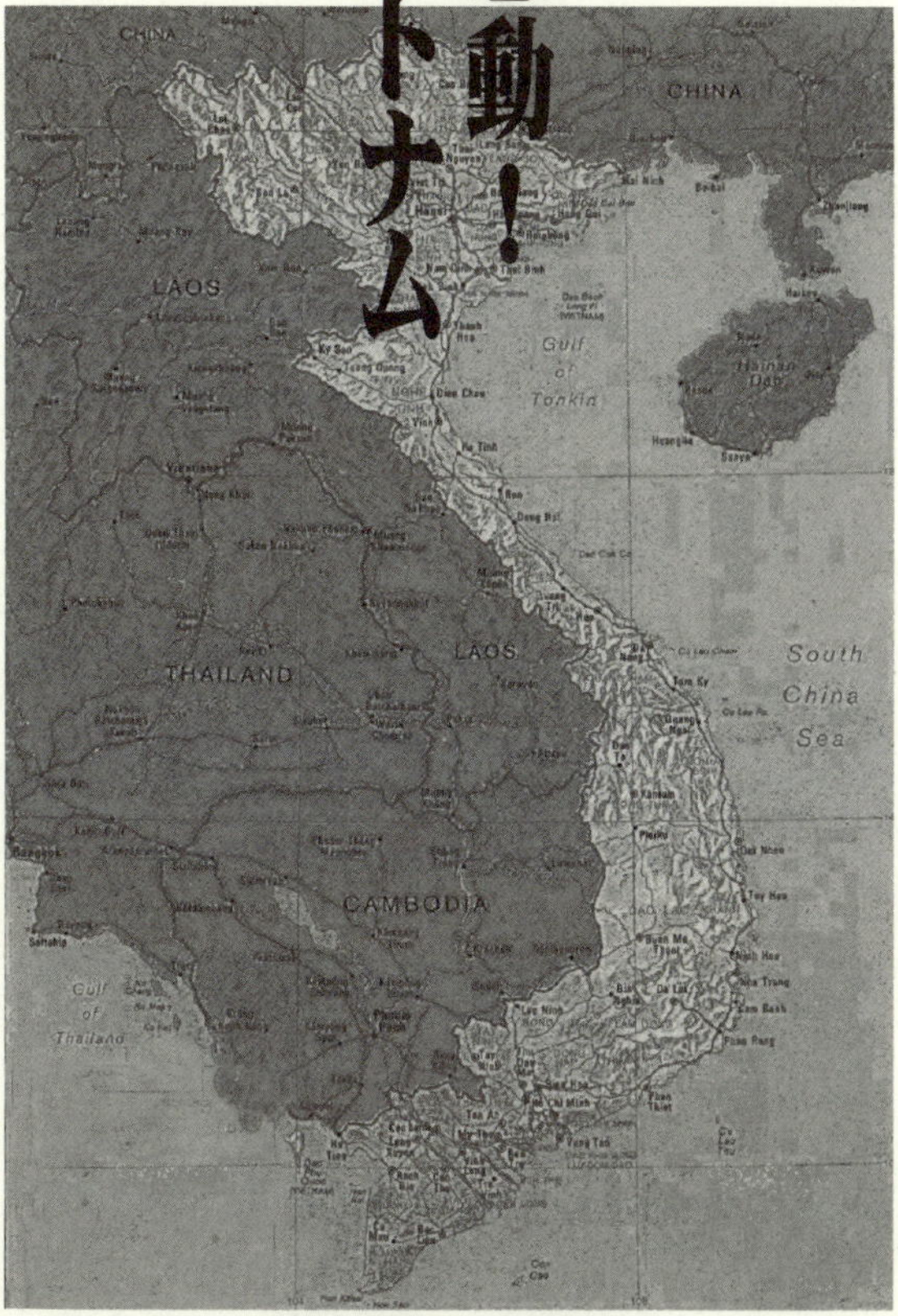


武藤 唯彦
Tadahiko Muto

文芸社

## ●目　次

# まえがき

行くたびに、いつも何かが起こる不思議な国ベトナム。

次から次へと起こるハプニングと感動に、何か記録しておこうと思い、最初は二、三ページのメモから始まった。

「自分の脳裏に焼きついたネガを現像してみた」

まさか今回、一冊の本として出版するとは夢にも思わなかった。自分の目と耳と肌で感じたそのままのベトナム。事実、自分が体験したそのままを記録しただけだった。

日本のことわざに「赤い糸で結ばれる」という言葉があるが、まさにこのベトナムの国は、自分が生まれながらにして、きっといつか出会う国であったような気がしてならない。

# 初めてのベトナム

一九九九年十月、私はベトナム、ハノイ（Hanoi）空港に降り立った。ベトナムは一年半ぶり、二度目である。

日本は十月に入ると、めっきり秋らしくなって涼しくなってきたのに、ここハノイは、灼熱の日差しが連日続いている。とにかくベトナムという所は、一年中暑い。

台北を経て、ここハノイに着いた。


空港を降りると、相変わらず、タクシー運転手たちが、名物の客の取り合いをしていて、モミクチャになり、やっと迎えのガイドの車に乗り込んだ。

昨夜、額に汗して、口角泡を飛ばし、まるで機関銃のように大声で騒がしくしゃべりながら飲んでいた、台北の屋台の強い印象が、余韻に残ったままである。

今回は、台北を経て、ハノイ、ホーチミン（Ho Chi Minh City）という旅程である。

ベトナムには一週間の予定で入ったのであるが、このときは、まさか入国して二日目に、日本に帰国することになろうとは夢にも思わなかった。

ともあれ、ここハノイは、ベトナムの首都である。さぞかしホーチミンよりは首都らしい街であろうと思っていたが、ハノイは、ホーチミンより、街の雰囲気も含めて、すべてにおいて立ち遅れているように感じた。

自分自身、日本の戦後はあまり知らないが、本とか写真などで少しは知っているつもりで、ここハノイは、日本の終戦直後そのままのようである。

ベトナム戦争が終わって二十五年も経っているのに、何も変わりようのない化石の街といえそうな気がする。

街の真ん中は舗装といっても、コンクリートをただ流したような道路。その通りから少し中へ入ると、砂挨の立つ道に、小屋のような建物が並んでいる。ここが汚いとか、みすぼらしいというわけではない。私はここの独特の雰囲気が好きである。

なにしろ、人びとが皆、屈託のない生活をして、のんびりと、何か〝時の流れに身をまかせ〟というような時間の流れがある。

そして、これはベトナムだけではないが、市場や屋台がものすごく多い。観光といっても、街の中なら市場などを見て歩くことがほとんどである。この市場が、人びとの生活の場として成り立っていて、ベトナムの人にはなくてはならない場所になっており、人びとの台所といってよい重要な場所だ。

ベトナムの一般の人たちは、ほとんど朝から外食することが多く、自分の家であまり食事を作ることをしないらしい。

ということで、今回の旅の目的の中には、ベトナムの人たちの「生活を体験する」ということが、主要な位置を占めていた。しかし、そうであったものの、現実がそれを許してくれなかった……。


ともあれ、ベトナムの人びとは、顔を合わせると、必ず屈託のない笑顔を返してくる。

そして、行き来するのは、ほとんどが女性である。この国の男はどこへ行ってしまったのであろうかと思うくらい、市場では女性ばかりが働いている。

市場の中では、女性たちは、椅子に座っていたり、店の奥で寝そべっていることもかなり多くて、こちらもあまり物を買うというつもりはないが、顔が合うと、にっこり微笑んでくる。

ベトナムは食文化が進んでいるとは思わないが、食べ物は何を食べてもうまい。すべてに味の深みがある。自然に近い状態で栽培され、育てられているからだろうと思う。むしろ日本の食物のほうが、自然から遠い作り方になってしまっていて、大味な食物になっているような気がする。

朝、昼、夜、われわれは、とにかくよくビールを飲む。これは生水が飲めないのと、連日の暑さからである。とにかくビールが旨い。

ハノイでは、到着した日と、翌日一日、市内その他の主だった名所を回った。やはりハノイ観光といえば、タンロン人形とチャーカーで締めるのが、ハノイ流のようだ。

二日間、暑さのなかの観光で、また飲みすぎ食べすぎをしてしまったので、体調を整えるために、二日目の夜は、のんびりとホテルでくつろいでいた。

そのとき、ホテルのオペレイションルームから一枚のFAXが届いた。その一枚のFAXによって、今回の自分自身で描いていた、これからホーチミンに入って体験しようとしていたことが、すべて打ち消されることになってしまった。

それは、ホーチミンにあるベトナム駐在所からのＦＡＸであった。

〝武藤さんの家族に不幸があり、すぐ帰国するように〟

と、それにはあった。

突然、目の前が真っ白になったとは、このことか。旅半ばで帰るということも無念ではある。だいたい、これからが、今回ベトナムに来た目的のすべてなのである。

これが「運命」というものか。とにかくハノイから日本に帰る便がないので、とりあえずいったんホーチミンに入り、そこから急遽帰国することに決めた。

ハノイ空港から、ホーチミンのタン・ソン・ニャット（Tan Son Nhat）空港へ向かう。その機中で、一年半前の出来事が急によみがえってきた。

一年半前の一九九八年五月、ホーチミンのタン・ソン・ニャット空港へ降りたったのが、私の初めてのベトナム旅行であった。

そのときの空港で、やはり、タクシー運転手が客の取り合いをして、モミクチャになった記憶が、また強烈によみがえってきた。

なにしろ初めての海外旅行でベトナムへ行ったということが、自分自身に、生涯貴重な体験となろうとは、まさか思ってもいなかったのである。

思えば、私自身、妻を病気で亡くしてから、六年がたとうとしていた。

二人の男の子を育てながら必死だった。

やっと下の子も成人し、今度は自分自身のことを見つめ直そうとしていたとき、ベトナム行きの話があった。忙しかった日々へのご褒美のつもりで、私はベトナム行きを決心した。

その初めてのベトナム行きが、生涯忘れられない出来事を生み、そして、私をベトナムと深く結びつけることになってしまったのである。

# メコン川

最初のベトナム旅行で印象的だったのは、メコン川であった。

ホーチミンから街道を車で二時間くらい走ると、メコン川に着く。

運転手と、ガイドを伴って、七、八人乗りのマイクロバスで向かったが、車内はエアコンもきいていて快適だった。

車は、日本製のトヨタライトバンだ。

観光地などでは、この車をよく見かける。タクシーでは車内は狭く窮屈だが、これなら車内が広いし、周りの視界も良くて、観光には最高の乗り物だ。今回、われわれ一行は三人旅なので、眠くなったら、後ろの席で横になって寝ることもできる。

街道の両側には、ドライブインというか、休憩所らしきものが、いくつも並んでいる。ドライブインといっても、屋根の代わりにテント一枚を張っただけの簡単なもので、その下にテーブルと椅子が置いてあるだけだ。

途中、一軒の休憩所に立ち寄った。ほかには客らしきものはおらず、われわれだけである。そのテントの店には人影もなかったが、われわれが入ると、何やら奥のほうで人の気配がした。母親と男の子が二人顔を覗かせた。どうも店番は、この二人だけのようだ。

ガイドが飲み物を注文したが、なかなか出てくる気配がない。

そのうち、少ししてから、男の子が何やらビニール袋を下げて、裸足で、街道に沿ってどこかに歩いて行った。

十分、十五分、二十分……、やがて男の子は帰って来た。何とその男の子は手に氷の入ったビニール袋を下げている。われわれが立ち寄ったため、飲料水に入れる氷をどこかに買いにいったのだ。休憩所の近くには店らしきものはなく、かなり遠くまで買いにいったようである。それも、この炎天下に〝裸足〟で、だ。

そういえば、この休憩所には、冷蔵庫のようなものもなさそうだ。

われわれの感覚からして、商売をしているということとは、だいぶかけ離れているように思われた。きっと何もすることがないから、家の前を休憩所にして、いつ来るかわからない客を待つ。「もし客が来ても、何とかなるだろう」という感じなのだろう。

それにしても、ちょっと寄るつもりが、三、四十分かかってしまった。この国の人の生活サイクルには、われわれ日本人は、きっとついていけないと思う。われわれが忙しすぎるのか、この国の人たちがのんびりしすぎているのか、ちょっとわからないが、何か考えさせられるものがある。

先程まで、太陽がサンサンと降り注いでいたのに、あっという間に「スコール」である。すごいスコールだ。今までに見たことのないような。すごいスコール。でも一時間もすると、またもとの青空に戻っている。

道に突如出現した水溜りの大きさが、スコールのものすごさを物語っている。

人びとは何もなかったように、自転車やバイクで、今出来たばかりの水溜りの中を、勢いよく水しぶきをあげながら走っていく。

メコン川の船着場に着くと、子供の群れが、わっとばかり車を取り囲んだ。観光客に物を売るためである。子供によって売る物が違う。ハガキの子もいれば、ブリキのおもちゃを売る子、また果物を売っている子もいる。その誰もが相当しつこく、車を取り囲んだまま離れようとしない。車から降りることすらできないくらいだ。

車から降りても、船着場までゾロゾロついてくる。

船着場から一艘の船を貸し切ってのメコン川クルーズ。

このメコン川。川というより「海がゆったりと流れている」という感じだ。川の色は焦げ茶色に濁っていて、これが川なのかと思ってしまう。対岸はどこなのか見つからないくらい大きい。たまに行き交う船は大きな船も小さな船もカラフルに外装されていて、いっそうメコン川の情緒をひきたてている。

遥か中国から、ラオス、タイ、カンボジアを経て、最後にベトナムに流れ込む。今はもうすぐ南シナ海にたどり着こうとしている地帯だ。この雄大なデルタ地帯を、ゆったりと川が流れるさまは、大陸の雄大さを感じさせずにはおかない。

メコン川クルーズの途中、かなり大きな島に渡る。ここは島じゅうがフルーツ園になっていて、フルーツの食べ放題ができる。初めて食べるフルーツもあり、見慣れたフルーツでも、日本で食べるものとは色や形が全然違う。

悠々と流れる、この海のようなメコン川に沈む夕日が有名なのだが、今回は、その夕日を見ることができなかったのが心残りではあった。だが、またいつか来るときに、きっと「メコン川の夕日」を見に行きたいと思った。

## ニャチャン

もう一つ、ベトナムで忘れられないのは「ニャチャン（Nha Trang）」である。ニャチャンは、ベトナムのリゾート地である。

ここはホーチミンから飛行機で一時間少しのところ、一年半前に訪れたとき印象に残った地である。

「ニャチャン」とは、なんとなく心地良い地名だが、日本では湘南に似た所といったらいいだろうか。どこまでも続く海岸線、湾曲した海岸線に、ヤシの並木が、いっそう南国らしさを演出していた。

宿泊したホテルは、この海岸線のすぐ前にそびえ建つ、まだ真新しい近代的なホテルである。この近くには、他にビラ風の二階建てのホテルがほとんどのようだった。

昼過ぎホテルにチェックインしたあと、とにかく海岸に行ってみることにした。外は相当な暑さである。それでもヤシの木陰などに入ると、リゾート地特有の風と香りが、とても心地良く感じられた。

ヤシの並木を出て海岸に出た。

何と！　どこまでも続く海岸に人っ子一人いないのである。

砂浜にいくつか置かれているパラソルの下の長椅子に、ビールを飲みながら寝そべった。

いっとき眠っただろうか、人の声で起こされた。気持ち良く寝ていたので、〝うるさいな〟と思いながら見回すと、イスの周りに二、三人のベトナム人らしい中年の女性がいて、ベトナム語で何か話しかけてくる。

見ると、彼女たちは肩に天秤棒を担いでいる。天秤棒から吊り下がっているカゴの中には、エビとか、パイナップルとか、パンなど、いろいろな品物が入っている。どうも、それを焼くから食べろ、と言っているらしい。

最初は衛生的にどうかと心配もあって、遠慮がちにやさしく断った。が「LATER」といったのがいけなかった。天秤棒を担いで、いっときは去ったのはいいが、一回りしてまたやって来たのだ。一回りといっても、行くところはない。ただUターンして、またやって来たのである。

しかも、何と、今度は人数が増えている。最初は言葉が通じないので、手で追い払うしぐさをしていたが、全然立ち去る気配がない。

隣の仲間が（ちなみに、今回の旅行は、男二人女一人のグループである）、

「これは、もうだめだ」

と言った。

何か買うか食べるしかないということになった。

片手にビールを飲みながら、その場で七厘のようなものでエビを焼き、パンなども焼いてくれた。そのうちヤシのジュースまで飲まされた。

そうして、やっと最初の一団が帰ったと思ったら、今度は第二団目がやって来た。この人っ子一人いない海岸で、いったいどこから現れてくるのだろうかと不思議なくらいだ。

今度のは、先程よりさらに多い人数でやって来た。何と今度はマッサージをすると言っているようだ。

よしもうこうなったらと、こっちも開き直った気持ちになってきた。マッサージでも爪切りでも、フルコースをお願いした。

ここでハッと気が付いた。ここにイスとパラソルが置いてあった理由が、はじめてわかったのだ。何か愉快な気持ちになった。

最後は、

「夜の街を案内するから来ないか」

と誘われたが、さすが最後のお誘いだけは断った。なにせ、この炎天下、天秤棒を担いでやって来たおばちゃんたちは、みごとに黒く日焼けして、たくましそうだったからだ。丁重に断った。

何もなければ、ゆったりのんびりしたはずの時間が、あっと言う間に過ぎ、夕方合流することになっていたホーチミンの駐在員との待ち合わせのため、早めにホテルに戻った。夜は街に出てベトナム料理を堪能した。

最後は、やはり、ホーで締めた。

このベトナムのホー、それは米の粉を麺にして作ったうどんのようなものである。よくダシのきいたスープに、コリアンダー、唐辛子、スダチなどを搾り、自分の好みの味にして食べるのである。

このホーは、一杯七千ドン也。日本円にして六十円から七十円くらいである。なにしろ、もともと自分自身は「麺食い?」なのである。

ほかにベトナムの食べ物といえば、「生春巻き」が有名である。いろんな所で、この生春巻きを食べたが、一番旨かったのは、クチトンネル(Cu Chi Tunnels=ベトナム戦争当時、ベトコンが籠って米軍と戦ったトンネル)の見学に行く途中、車の故障でお世話になった農家で食べたもの。あの生春巻きは忘れられないほど旨かった。

それは、ホーチミンの中心から車で一時間少しくらいの所に出かけたときのことである。一時間といっても、運転手とガイド付きのワゴンカーは、ホーチミンの街を一歩出て、田園地帯の中、どこまでも続く一直線の道路を猛スピードで走る。

ただコンクリートを流しただけの道路である。真ん中にはセンターラインらし

田園地帯をどこまでも貫く道路

いものが、ところどころしかなく、バイクや遅い車を猛スピードでどんどん追い越していく。

また、対向車も同じく猛スピードで追い越しをかけてくる。

そのまま走ったなら衝突するのではないかと思う瞬間まで、こちらの車も対向車も、ギリギリまで追い越しをかける。

スリル満点というか、まともに前を見ていられない。よくこれで大事故が起きないものだと、ヒヤヒヤしどおしだ。運転手のハンドルさばきに感心する前に、恐ろしくなってくる。

ガイドに、

「この道路には、制限速度があるのか」

と聞いたら、運転手がニヤリとして、何やらベトナム語でつぶやいた。

ガイドが、

「二百キロです」

と通訳してくれた。

われわれが怖がるのをおもしろがって、運転手は、どんどんスピードを上げていく。日本の高速道路ならいざしらず、でこぼこの道路にはセンターラインらしきものがないばかりか、道路の両側には側溝がなく、そのまま田んぼの中に道路がつながっていて、道路と田んぼの境がない。

ほとんど生きた心地がしない。思わず足を踏ん張って、両腕に力が入る。

運転手は、「腕には自信があるのだ」と言いたげに片手運転だ。

このあと、クチトンネルの近くまで来て、案の定？　調子に乗りすぎて？　車は故障して動かなくなってしまった。

その街道の両側には、どこまでも続く田園地帯が広がっていて、牛が草を食み、水の張った田んぼには、アヒルが群れをなして泳いでいる。のどかな田園地帯である。
ホーチミンの街とは裏腹に、先程までの喧騒がウソのようなのどかさだ。この風景、いつかどこかで見たことがあるような気がした。なんとなく郷愁を感じさせる風景。どこだろう？　遠い記憶の中によみがえってくる「この風景」。そうだ！　自分が生まれ育った幼い頃の田舎の風景だ！　何か時代がタイムスリップしたような感覚なのだ。

いままでベトナムの印象は、ホーチミンの喧騒がすべてかと思っていた。一歩外へ出ると、どこまでも続く田園地帯。ところどころに森がこんもりと茂り、その間をゆったりと小川が流れている。この気候からして、きっと一年中、この風景なのであろう。

クチトンネルへ行く街道筋の家々の庭には、真っ赤なブーゲンビリアの大木が咲きほこり、青い空に浮かぶ真っ白な入道雲。白、茶の石造りの家の庭に咲くブーゲンビリアとのコントラストが、いっそうあざやかに引き立ち、何か「絵」の中にでも漂っているような錯覚にかられる。

ホーチミン市の街角

クチトンネル付近のブーゲンビリア

ガイドの車が故障してしまい、近くの農家の人が家族総出で後押しをしてくれたり、修理工場に連絡してくれたり、一生懸命、見知らぬわれわれに尽くしてくれた。それで、クチトンネルを見学しての帰り、お礼のつもりで、その農家に再び立ち寄った。

家の中へ招かれると、農家の人が自家製の生春巻きを出してくれた。春巻きの中の材料は、前にある庭から現地調達だ。それを井戸水でさっと洗って、またこれ自家製の生春巻きの皮で巻いて、自家製のタレを付けて食べる。とてもシンプルな食べ物である。

家の中は石畳が敷かれ、裸足で歩くと足の裏が心地良く感じ、家の周りはほとんど木に覆われ、吹き抜ける風が爽やかで、これまた心地良く感じた。ベトナムの人はまた、家の中はきれいに整頓され、とても清潔な感じがした。ベトナムの人は意外に清潔だと聞いていたが、わかったような気がした。

## タオとの出逢い

昨夜は旅の疲れも手伝って、ホテルに戻ってよく眠った。ここニャチャンは、「東洋一のリゾート地」と言われるだけあって、夜は静かである。

ところが、次の朝、ホテルの外で、あまりのざわつく人の気配に、まだ朝も白々明ける頃だったのに、早めに目が覚めた。まだ薄暗いホテルの窓の外を見下ろして、一瞬目を疑った。

昨日は確か人っ子一人いなかった海岸に、今朝は早くから人があふれている。どこまでも続く海岸が、人だらけである。

(何だ、これは!)

すぐカメラを肩に、ホテルから外に飛び出した。

外はムッとする熱帯特有の体感。まだ日の出前である。海岸では、それぞれ海水浴をしている人、五、六人でサッカーをしている男の子、二、三人でおしゃべりをしている女の子、車座になって井戸端会議の中年の女性たち……。皆水着を着て、何かゆったりとした時間を楽しんでいるようである。

また、海岸線に沿った広場では、百人くらいの人が、こちらは老人が多いようだが、ラジオのスピーカーから流れてくる音楽に乗って、太極拳のような体操をしていた。

とにかく海岸線は、人、人、人の波。

でも、人が多いわりには、静かな、ゆったりとした時間が流れていた。

私は夢中でカメラのシャッターを押しまくった。

朝日が周りを明るくする頃には、サンダル履きの人びとは、自転車やバイクで、それぞれ家のほう（街の中）へ、帰っていった。

また、いつものギラギラ輝く太陽が上がって来た頃には、人びとはほとんど海岸にいなくなっていた。

何か、先ほどまでの出来事が、「幻」だったと思うような光景であった。

たまたまこの日は、日曜日の朝だったからなのではないかと、現地の人に聞い

ニャチャンの朝、海岸には信じられないほど大勢の人がやってくる

てみたが、これは毎日、毎朝、一年中続いている光景だという。

いつもならこの時間は、睡眠をむさぼっているのに、信じられない光景を目にした。

早朝の感動も冷めぬまま、当日は島めぐりクルーズに出た。

貸し切りの一艘の船での島めぐりである。

あちこちに点在する島には、水族館などもある。水族館といっても、池のようなところに、いろんな魚が一緒に泳いでいるだけのシンプルなもので、日本の水族館と比較したら、大変なことになってしまう。

また、生簀ですくった魚を、近くの島までオワンの船?に乗って渡り、そこで料理してもらい食べた。われわれは刺身にしてもらったが、一緒に行った若い二人の船頭に、「刺身を食ってみな」と言ったが、彼らは全然見向きもしなかった。おそらくベトナムでは、刺身を食べる習慣がないのであろう。

もうひとつの島では、真っ白い砂浜の海水浴場で、カヌーに乗ったり、水中すべり台で遊んだり、時間のたつのも忘れ、皆子供のように遊んだ。

こんな時の流れの中に身をおいて、ずっとこのままここにいられるものならと思いつつ、なぜか、あと一日滞在するホーチミンのことが気になった。

次の日、ホーチミンに帰る前、ニャチャンの街の観光めぐりに出た。ホテルの前からシクロ（Xicro ＝人力三輪車）に乗った。ひとり一台だから、ガイドも含め五台連ねて、街へ出た。骨董店、土産店、市場、シクロに乗っての市内観光。ニャチャンの小高い丘の上にある寺院に立ち寄った。日中の強い日差しが容赦なく降り注ぎ、相当の暑さである。


小高い丘の寺院はレンガ造りで、三角形の大きな寺院。中が洞窟のようになっていて、入口で履物、帽子など、なるべく身に着けている物を、すべて取って入るように言われた。中に入っていくと、石畳が敷いてあり、裸足の足が何か心地良く、ひんやりとした気分を、一瞬感じた。

その正面に大きな仏像が鎮座して、これまた大きな線香を手向け、周りの人たちに見習って、ひざまずき、一礼した。

そのとき、何か自分自身が、一瞬すべて真っ白になった気配がした。

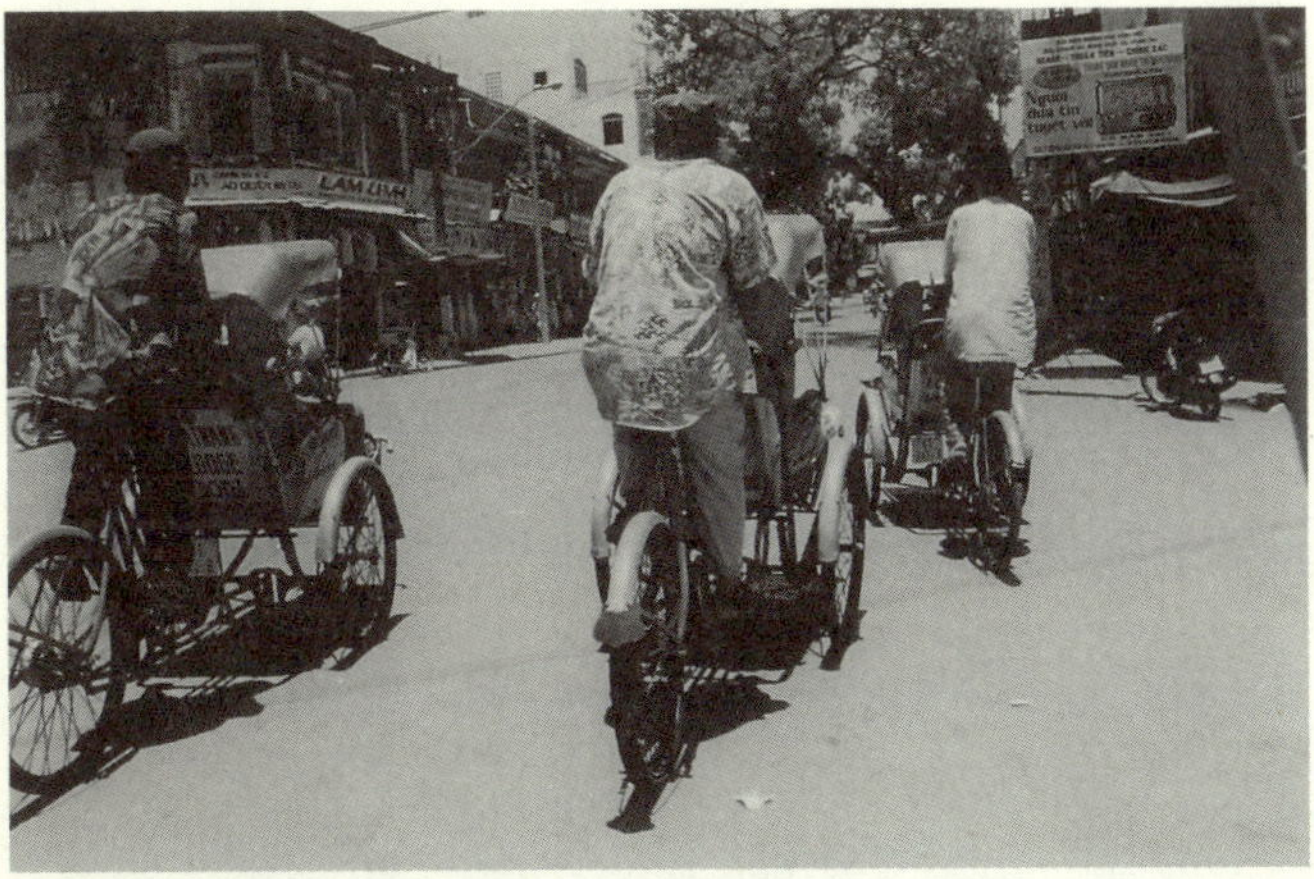

ホーチミン市内を走るシクロ

今後起こるであろう自分の運命が、この仏像に会ったことに、大きく影響していたのではないか。

その日、市内観光から帰って、ニャチャンのホテルの前で、ガイドに一通のメモを手渡した。三日前にホーチミンで出会った、グエン・トー・タオ（NGUYEN THU THAO）という女性のことが気になったが、なにせ自分が電話しても、言葉の〝壁〟で通じるわけがないと思い、あえてガイドにＴＥＬするようにという伝言を頼んだ。

このガイドは携帯電話を持っていて、すぐ通じた。彼女は、

「明日、ホーチミンで待っている」

という返事だった。

タオに初めて会ったのは、ホーチミンの駐在員行きつけの店だった。その店には駐在員お気に入りの彼女がいて、ホーチミンへ行くたびに、そこに連れていかれる。

その店には、カラオケとダンシングホールがあり、われわれはほとんどカラオケばかりに通った。

駐在員のお気に入りの彼女の友達がタオであり、いつも行くたび、その彼女とタオは一緒だった。

その彼女のほうはニョンちゃんといって、〝清楚な美人〟で、いつも物静かにしている。駐在員が通うわけである。

反対にタオは、いつも賑やかで明るい。

タオと最初に交わした言葉が、

「ベトナムに何をしに来たのですか」

だった。

その場には、いつも現地社員も同席しており、通訳をしてくれた。

「私は観光が目的ではありません。ベトナムの人たちの生活に興味があって来ました」

「それなら、もしよかったら私が案内します、ぜひ私の家にも来てください。私は両親の面倒を見ながら、娘と二人で暮らしています。夫は五年前、なくしました」

この〝なくした〟というのが、別れたのか亡くなったのか、最後までわからなかった。

「明日、私の家に来てください。案内します」

でも、私は明日から二日間、ニャチャンへ行くことになっているので、そうはいかない。

「じゃあ、今から私の家に行きましょうか」

そのとき、駐在員が、

「タオさんの家はどこですか？」

と聞いた。

「私の家は四区にあります」

するると、駐在員が少し顔をしかめて、私に向かって小さな声で言った。

「四区には、夜は行かないほうがいいですよ。四区はとても危険な所と聞いています。夜、行くのはやめてください。とても心配です」

駐在員にそこまで言われたら、行くわけにはいかない。せっかくいい機会だったのに、そして、そんな場所なら、なおさら興味があったのに……。

「ぜひ今度、機会があったら、連れていってください」

と、私は返事をするしかなかった。

「私なら構いません。いつでも案内します」

タオは、そう言ってくれた。

これがタオと最初に交わした会話だった。

次の日、ホーチミンでの最後となる日を、駐在員と、今回の仲間である中島氏、香織ちゃんの四人で屋台にくりだした。

このところ、レストランのベトナム料理が続いていたので、ホーチミンで一番賑わっている屋台へ行った。

薄暗い裸電球の下では、何を食べても旨い。

ここベトナムの屋台の食べ方は独特である。食べ物の殻とか、残した物とかを、みんなテーブルの下に捨てる。だから、テーブルの上は、いつもきれいだ。しかし、テーブルの下は、客が帰ったあと、モップのようなもので掃除するので、一瞬はきれいになるが、再びゴミの山となる。

これは、この国の人びとの性格を、よく表わしている。細かいことは気にしないで、悠々自適にのんびりと暮らしているのだ。

屋台で食べたあと、この前出会ったタオの店に行き、カラオケで盛り上がった。

ところが、日本語のカラオケはないので、カラオケを歌うのは現地の人だけだ。一昔前、日本でもはやった採点付きカラオケである。歌うと、ほとんど百点が出る。この機械は壊れているのではないかと、歌うたびに冷やかして、けっこう盛り上がった。

せっかくだから私も何か歌わなければならないと思い、なんと武田節を、オケなしで、マイクだけのア・カペラで歌った。現地の人たちは、何と武田節でチークを踊っていた。

カラオケのあと、前回食べたホー（うどん）の味が忘れられなくて、タオの運転するホンダ（バイク）の後ろに同乗して、夜の街に出た。

明日の朝早くホーチミンを発たなければ、ということはわかっていたが、もう一度最後にホーを食わなければ、一生悔いが残りそうな気がした。

駐在員から、次の朝早く発つ時間を何度も念を押されながら、われわれはホンダを駆けて街に出た。夜もかなり遅いのに、まだ街の通りは、かなりのホンダが走っていた。

その間を縫うように、髪をなびかせて走るタオの後ろにまたがり、タオの腰にしがみつき（ベトナムじゅういつまでも離さなかった）、カメラを肩から下げ、ホーチミンの夜の街を走りまわった。

これで、ここベトナムへ来る前に、どうしてもやりたかったことが、半分は叶えられたわけである。

ただ、ひとつ心残りは、現地の人の生活に入って、どんな生活をしているか垣間見たかった。だが今回はそれは叶うことができなかった。

また今度来たときこそは、という楽しみを残して、次の朝、ホーチミンのタン・ソン・ニャット空港を後にして、香港へ発った。

二人乗りのホンダで、早朝のホーチミンの街を走った二度目の朝、ホーの味は生涯忘れることのできないものとなった。

一九九八年五月十二日のことであった。

# 帰国

冒頭で述べたように、最初のベトナム行きから一年半後、私は再び台北からハノイ入りをしたのだが、「母（養母）危篤すぐ帰れ」の連絡が入った。その二日後、急遽日本へ帰らなくてはならなくなった。それで、とりあえずホーチミン入り、そこから一人帰国することを決めた。

そうして、ハノイ空港からホーチミンのタン・ソン・ニャット空港へ向かう機中で、一年半前の出来事を、あれこれ思い出しているうちに、タン・ソン・ニャット空港へ着いた。

今回、何もなければ、空港に迎えに来るはずだったグエン・トー・タオに、出発前、直接日本から電話を入れておいたが、よく言葉が通じたと我ながら感心した。

この国はベトナム語なのだけれど、ベトナム語は殆どわからない。シン・チャオ（こんにちは）、カム・オン（ありがとう）くらいしかわからない。でも意味はわからないが、機内アナウンスなどを聞いていると、とても心地良く感じられて、このベトナム語の旋律はメロディーのように聞えてくる。たまたまタオは片言？の英語が話せるのが、せめてもの幸いであり、もしもベトナム語だけならば、何等コミュニケーションのすべはない。

「台北とハノイを経て、ホーチミンへ十月九日に行く。着いたらまたTELをする」

という簡単なメッセージだけだったが、一年半ぶりの私の声を聞いて、タオはただ、

「アイム・ハッピー」

と何度も繰り返すだけだった。

私自身も彼女も、一年半ぶりに逢えることを、同じように楽しみにしていたはずである。また、彼女の家に二日間くらい泊まることも、すべて準備が整っていたのである。

ところが、それが叶わなくなった。私は急に帰国しなければならなくなったのだ。

それで、ホーチミンの駐在員、高橋氏からタオに向けて、

「武藤さんにトラブル発生、空港の迎えはやめて、自宅待機」

という連絡が彼女のもとへ入っていた。なぜ、そうなってしまったか、その理由を彼女は何も聞いていなかった。

私のほうは、急な帰国のため、やっとの思いで、ハノイのホテルのオペレイションルームでチケットを取り、とにかくホーチミン入りして、その日の夜行便での帰国を手配した。

その間、わずか二、三時間。本当に短いホーチミン滞在となってしまった。

ハノイからホーチミンへ行く機中で、今回の最大の目的が果たせない無念さをタオに何と言っていいか言葉に困った。英語で？　ベトナム語で？　しかし、そんな言葉は用意はしていなかった。

たった二時間の滞在くらいなら、むしろ全然逢わずに帰ったほうがよいのではないか、と迷っているうちに、夕闇迫るタン・ソン・ニャット空港に機は着陸し

た。

無論、急遽自宅待機となったタオは、空港には迎えに来ていなかった。

空港に降り立つと同時に、ハノイに増してムッとする、湿度の高い、熱帯特有の暑さが襲ってきて、一年半ぶりにホーチミンに来たのだと、身体全体で感じさせた。

相変わらず繰り広げられている、タクシー運転手たちの客の取り合いに、モミクチャになりながら、空港まで迎えに来ていた駐在員二人（高橋氏、木村氏）の車に乗り込んで、一年半前にも泊まったサイゴン・スターホテルに向かった。

空港からホテルまでの道路は、相変わらずものすごい数のホンダ（バイク）が、道路いっぱいに走っている。その中を、縫うようにホテルに向かった。


ハノイとホーチミンでは、どこかしら雰囲気が大きく違っている。ここホーチミンのほうにはハノイとは違って活気があり、華やかさがある。バイクや車のライトに照らし出されるブルー、イエロー、その他原色のアオザイ。これである。ここホーチミンに魅せられた、バイタリティーあふれる街並の雰囲気だ。できれば、ずっとここに漂っていたいような、そんな錯覚にかられてしまう。

しかし、何という運命のいたずらなのだろう。本当は、この街に二、三日間どっぷりつかる予定であったのだ。そして、念願のタオの家にも泊めてもらい、この国の人びとの生活そのものを垣間見る。それが今回の旅行の最大の目的であったのに……。

そんなことを思いながら、空港からバイクの波に巻き込まれつつ、ホテルに着いた。一年半前にも、一週間くらいお世話になったサイゴン・スターホテルだ。

が、何とホテルのロビーに着いたとたん、タオが現れた。

彼女はまだ、私がこれから二時間後に帰国してしまうことは知らされていなかった。

とりあえず全員(駐在員二人、旅行仲間である中島氏、磯部氏、寺尾氏、私とタオの七人)で食事をするため、サイゴン・スターホテルから、タクシーに乗り合わせて、ホーチミンのレストランへ出かけた。

彼女も久しぶりに私と逢ったこともあり、私のそばを片時も離れなかった。それがまた、いじらしかった。まさか二時間後に離ればなれになることも知らずに、心弾んで喜びを感じているようだった。

何しろ時間がないのである。早く帰らないと、今頃日本では、大騒ぎしているのではないか。またこの急場を、彼女に何と説明してよいか。初めての一人での帰国だ。無事帰ることができるのか。

そんなことを考えると、あまり食事ものどを通らず、自分自身、頭の中はパニック状態であった。

食事も半ば、駐在員が彼女に、今の私の状況を説明しはじめた。最初のうちは、「まさか」という顔をして信用しておらず、皆からからかわれているのではないか、という表情であった。

だが、今からホテルに戻って、荷物を持って、空港に行くというときになって初めて、自分がからかわれているのではないということに気がついたようだ。

駐在員が私の帰りのチケットをタオに見せたとき、彼女の目には思わず、涙が一杯あふれていた。

ホテルから空港へ向かう車の中で、駐在員が二人の中を何とか取り持とうと、努力をしているのがわかった。このときほど、言葉の壁というものが、大きいと思ったことはなかった。

こんなことになってすまない、という気持ちを一言いいたかったが、自分も冷静さを欠いており、彼女に伝えたい気持ちが、言葉として全然出てこなかった。

「ソーリー、ソーリー」とだけ言っていたような気がする。

「この埋め合わせは必ずする」

と言っている間に、タクシーがタン・ソン・ニャット空港に到着した。

自分一人では初めての搭乗手続きをして、彼女との別れを惜しむ時間もなく、ホーチミンのタン・ソン・ニャット空港から、二十三時三十分発の夜間飛行で、関西空港へ飛び立った。

数日してから届いた彼女の手紙（英文）には、そのときの様子が、こう綴られていた。

（中略）貴方がベトナムに来るという知らせの電話で、貴方の声を聞いてから、数日眠れませんでした。

（中略）飛行場に見送りに行って、ドアの外のタラップで手を振っている姿に、涙がこみあげて、その晩は飛行場の椅子に座っていようと思いました。

私は、けっして離ればなれになりたくないです。

その晩は貴方のことを思い出して、眠ることができませんでした。

できるだけ早く、貴方に会いたいです。

私はけっして貴方のことは忘れません。

貴方の友達に、この手紙とプレゼントを手渡してもらうために、サイゴン・スターホテルに来ました。貴方のメッセージを待っています。

これだけは覚えていて下さい。私は貴方だけが恋しいのです。

なぜなら私は貴方を、本当に本当に愛しているからです。

GOOD LUCK TO YOU
KISS YOU
NGUYEN THU THAO
OCT. 10. 1999

# 再びのベトナム行き

二〇〇〇年六月五日。今朝いつもより早く目が覚めた。家を出たのが八時、早めの出発である。

昨夜は少し興奮気味で、あまり睡眠をとっていないようだ。

七カ月ぶりのベトナム行きである。

今回は初めての一人旅。自分自身ですごいと思う。

横浜ステーションから羽田へ向かううちに、だんだん心が高まってくるのが、自分自身、よくわかる。

羽田空港から黒澤課長へＴＥＬを入れて、「行ってくるぞ」と、新たに気合が入る。ベトナム行きは、今まで一回半ではあるが、いつもハプニング続きである。

今回も何かありそうな予感がした。

その予感は出発のときから的中した。羽田搭乗口（boarding gate）にチケットを入れたとたん、ピンポーン！　赤ランプが付いた。見回すと赤ランプは自分だけである、
なんだろう?　いきなり出発ロビーからハプニングだ。

〝武藤様　荷物用スタッグが二枚付いております〟

何だ、こりゃ。先が思いやられるぞ！　あのＡＶＡ職員め、ダブってスタッグを付けたらしい。
羽田空港から関西空港へ。いよいよの出発で、心が弾む。羽田を十二時ちょうどの出発。関空での乗り換え、ＪＡＬとベトナム空港との共同運航。
関西空港の四十九番ゲートへ向かう途中、前を行く真っ赤なアオザイのスチュワーデスと一緒に向かう。
英語が通じるかどうか、試してみよう
"What's your name....?"
"My name is Teyum!"
"I'm going to Ho Chi Minh...."
次の言葉が出てこない。日本語で「どうぞよろしく」と言った。
そうしたら、流暢な日本語で「こちらこそよろしく」と、にっこり会釈を返してきた。
言葉が通じた！　何やら自信らしきものが、少しついてきた。
よく晴れた関西空港を、二時四十五分、ホーチミン、タン・ソン・ニャット空港へ飛び立った。

機内食でワインを飲みながら、窓側席に座り、外の景色を見ながら、今から何が起こるかわからない不安と期待で、食後数時間、心地良い眠りについた。

眠りから覚めたときには、すでにベトナム、ホーチミンの上空。

まだ六時といえば、外は明るく眼下には、雨季のためかいくつもの水溜りが、川のように見え、いよいよベトナムに来たのだな、という実感がしてきた。

以前来たときより新装されたタン・ソン・ニャット空港に着くと、気温は三十度をはるかに超えている。熱帯特有のムッとする空気が身体をつつむ。

ここベトナム空港の税関は、独特の雰囲気があり、ものものしい軍服姿の職員が、時間をたっぷりかけての入国審査で、やっと外へ出た。

相変わらずの、タクシー運転手の客の取り合い、また、出迎えの人波をかき分け、空港の外へ出た。

外はすっかり暗くなり、ムッとした空気に、ベトナムに来たのだなと、新たな実感がしてきた。

今回、JALでのツアー（フリーステイ）のため、空港からガイド付きでマイクロバスに乗って、各ホテルまで行く。今回泊まるホテルは、ホーチミンのど真ん中にあり、唯一国営のレックスホテルである。

迎えのバスを待つあいだ、他のツアー客と話す。

「ベトナムへは何回目だ」

と言うので、

「一回半で、今回は三回目だ」

と、自分なりに言ってみたが、〝半〟とは何なのか説明もしないでバスに乗った。

今回ベトナムへ来たのには、じつはこの〝半〟ということに、大きな意味があった。

前回ベトナムに来たのは、一九九九年十月、約八カ月前であった。そのときは思わぬハプニングが起き、旅行半ばで帰国してしまった。台北からハノイへ行き、三日目にしての急遽の帰国であった。旅行の最大の目的は後半にあったのに、ホーチミンには夕方着き、その夜の便で帰国してしまった。

このハプニングが、今回ここベトナムへ来なければならない運命にかられた

（？）理由であった。

ごめんね！（sorry）とだけ言って、グエン・トー・タオに別れを告げ、タン・ソン・ニャット空港を単身飛び立った八カ月前を思い出していた。

相変わらずのバイクの波の中を、バスはレックスホテルへ向かう。道路いっぱい、一斉に走るバイクの群れこそ、ベトナム、ホーチミンに来たのだなと、実感を湧かせるものだった。

レックスホテルのロビーに着くと、駐在員の木村氏が待っていた。木村氏のほかに、現地社員のミスター・タムも来ていた。

また、今回一番の問題点として「言葉の壁」があった。これを解消するために、専属通訳を手配しておいた。

ここレックスホテルは、さすが国営だけあり、夜間は外観がライトアップされる。ホーチミン市の中心的位置にあり、ベトナム情緒あるホテルである。

広いロビーの入り口のほうから、ブルーのアオザイを着たタオが入ってきた。

周りには木村氏、ミスター・タム、通訳がいたので、タオとは軽く握手して、

「久しぶり」という挨拶をかわし、ホテルの屋上にあるレストランに行くことにした。

ホテルのレストランでは、何やら結婚式のようなことをしていたので、賑やか過ぎるため、少し暑いが、ガーデニング風の外のレストランに出た。屋内のレストランより、屋外のガーデン・レストランのほうが、爽やかな風が吹き抜け、少し薄暗く、なかなかの雰囲気である。

席に着くと間もなく、また通訳が二人やってきた。この通訳（観光ガイド）はホンといって、二年前に初めてベトナム旅行をしたとき、お世話になった通訳である。ニャチャンからタオに電話させたのが、このホンなのだ。

今回、このホンに通訳を頼んだのだが、仕事の都合上、代わりの通訳であるトイーをよこした。

このホンという通訳、ちょっと調子のいいやつである。入ってきたときも、

「いやー、ムトーさん、久しぶり。きょうは、NHKの仕事が入ってしまって、すみません」

と、調子よくガーデン・レストランに入ってきた。

このホンに一年後（二〇〇一年五月）、ホーチミンの夜、街でばったり会うとは思わなかった。

ガーデン・レストランに、大きな輪ができた。遠く離れた、また日本人も余り出入りしていない、ここベトナムの地で、自分ひとりのために、こんなに多くの人が集まってくれたことに、最高に幸せを感じた。

次の日は、レックスホテルのロビーでタオと待ち合わせ、タオのホンダに乗って、タオの家に行った。

久しぶりのホンダである。前回（八カ月前）は、このホンダすら乗ることなく、急遽ホーチミンを後にして、帰国してしまったのだ。約二年ぶりに、タオのホンダの後ろに乗った。

外は相変わらず相当な暑さである。

タオの家へ行くまでの街道は、ものすごいホンダの怒濤の中を、大きな荷物を積んだ荷車や、自転車の荷台に鶏を山ほど積んだ人などがごった返していた。

その間を、大きなオンボロトラックが、警笛を鳴らしながら、ピーピー、パーパーと黒い煙を吐いて走っていた。

街道は、ほこりと排気ガスで、まともに目をあけていられないくらい、ごったがえしていた。つくづく、この国のすごい底力とパワーを、あらためて感じさせられる。

そのごったがえす街道を、タオのホンダは、かなりのスピードで、荷車、自転車、トラックなどを追い越していく。

ホーチミンの中心から二十分くらい走って、その街道を少し入った小さな商店街の路地裏に、タオの家はあった。

後ろから通訳のトイーがホンダでついてきた。今回どこに行くのにも、この通訳なしでは何も始まらないのだ。

この通訳のトイーは、昨夜レックスホテルのレストランで、前から知り合いのホンから紹介してもらった通訳である。

このホンも、今回のトイーも、ツーリスト会社の仕事をしていて、ガイド兼通訳の仕事をしているらしい。

タオの家には両親がいて、かなり大きな二階建ての家だ。周りにも同じように、白い壁の家が長屋風に並んでいる。ホーチミンの下町という感じの場所だ。乗ってきたホンダを家の中に入れ、格子戸を閉め、中から鍵をかける。ほとんどの人が乗っているこの「ホンダ」は、高価なようで、皆大事にしているが、あまり収入もなさそうなのに、皆乗っているのが不思議な気がする。

両親はすでにわれわれが来るのを待っていたようで、通訳と一緒に椅子に座ると、すぐベトナム料理が出てきた。

昨日、タオに渡したおみやげの中に、日本酒が入っていたので、それを飲みながらベトナムの家庭料理を食べ、通訳を通じて、なんとなくとりとめのない話をして、その後、通訳のトイーを帰した。

食事のあとは、両親の家から路地を隔てた向かい側のタオの家で昼寝……。

この国では、日中暑すぎるため、昼食後は必ず昼寝タイムがあるようだ。それも二、三時間くらいたっぷりと取る。よく街の中の木陰でハンモックに乗って昼寝をしている姿を見かけるが、人それぞれ、いろんな所での昼寝をしている。この時間、街の中は静まりかえり、灼熱の日差しだけが降りそそいでいる。

その日の夕方、ホーチミン駐在所の木村氏と夕食の約束がしてあったので、タオのホンダで家を出た。

路地から広い街道に出ると、昼にも増してホンダの数が多い。道幅いっぱいに走るホンダに圧倒されていると、な、な、なんと、タオのホンダは対向車線を走りだした。

ここベトナムの道路は右側通行なのだけれど、左車線の一番左側を逆走しだしたのである！　一歩間違うと正面衝突するのではないかと、ハラハラ、ドキドキ（彼女は暴走族なのか？）。

かなりの間、左車線を走って対向車が少し切れかかった頃、反対車線へ合流していった。

この国には交通ルールがないのか。一瞬、胸を撫で下ろした。

この交通量、またあまり信号機がないので、反対車線に出るのには、この方法しかないのかもしれない。

これは暗黙のルールなのか、きっとこうした暗黙のルールがないと、街中交通事故だらけになってしまうのであろう。

この国へ来て最初、不思議に感じるのは、交通量の多さもさることながら、ピーピー、プープーとうるさい警笛である。とにかく朝早くから晩遅くまで、一日中うるさい。これもきっと暗黙のルールなのであろう。

たしかに、ただ警笛を鳴らしているのではない。前のホンダを追い越すときに、必ず鳴らしている。今追い越すぞという合図なのだ。これだけの交通量で、信号もないのに。勝手に車線変更や右折左折をしたならば、街中事故だらけになってしまうのだろう。

暗黙のルール（?）といえば、もうひとつ、こんなことがまかり通っている。先日のことOFFICEの社員が、やってしまったことだ。

ホーチミンの中心では、最近、一部分ではあるが車専用レーンができたらしい。この車専用レーン、ホンダは通行禁止なのだ。これは、この国では歴史か文化を変えるくらいの出来事らしい。まだ慣れないので、かなりのホンダが進入してしまうらしい。

OFFICEの社員も、うっかり進入した。そこには必ず警察官が立っている。交通違反なのだ。高額な罰金と違反切符を切られ、警察署に行って始末書を書かされるらしい。

ここで暗黙のルール（?·）。捕まったときには、免許証の裏に小さくたたんだ五万ドン札（日本円で五百円）を一緒に差し出すらしい。街の真ん中、公衆の面前でのワイロである。この国ではこのたぐいのことは、平気でまかり通っている。

夕方、待ち合わせたOFFICEの木村氏と、夕食の後、ボーリングをした。最近、ホーチミンにも幾つかできたらしい。

次の朝、レックスホテルのロビーで、タオと、通訳のトイーと待ち合わせて、ブンタオ（Vung Tau）行きの高速船に乗るのに、時間調整のため、近くのカフェに寄った。

朝からサンサンと太陽が照りつけて、とてもエアコンがないと、ゆっくりとコーヒーなど飲んでいられないくらい、今日も暑いホーチミンの街。とりあえずエアコン付きのカフェに入ることにした。

店の中に入ると、なにやらベトナムの歌（当たり前なのだけれど）が流れていた。カフェの中は、カップル家族連れなど、それなりに混んでいて、ベトナム語が飛び交っている。ここは観光客用ではなく、地元の人たちが利用する、ちょっと高級なカフェといったところだ。

カフェダー（アイスコーヒー）を飲む。ベトナムに来て何度か飲んだこのコーヒー。グラスの中に砕氷がいっぱい入っていて、アルミ製の容器からゆっくり落ちるコーヒーに、練乳かシロップらしいものを入れて飲む。かなり甘いコーヒーである。

この暑いベトナムで飲むのに、甘くて冷たいカフェダーはぴったりなのだ。アルミ製の容器から一滴一滴ゆっくり落ちるコーヒーを見ながら、自分がここベトナムの街の中にいることが、何か不思議な気がしてきた。

ブンタオ行きの高速船乗り場は、ホーチミンの街の中心を流れるサイゴン川にあり、通訳を伴って三人で船着場へ行った。高速船乗り場には、タクシー、バイクタクシー、シクロの運転手が客待ちのためたむろしていた。その中をかき分けるようにしてチケット売り場まで行った。

この国の料金システムは、面白いことに、すべて二重価格になっていて、ベトナム人用、外国人用とチケットの色が分かれている。外国人用はベトナム人用より二、三倍は高い。国内線の航空運賃、列車の運賃、バスの運賃……すべてが二重価格になっているのである。

高速船に乗るために桟橋を渡る途中、橋の脇に老婆がひとり、帽子（ベトナムのノン）を膝にのせ、物乞いをしていた。前を行くタオが、その老婆の帽子の中に、今チケットを買った残りの、すりきれそうなドン紙幣一枚をなにげなく入れた。その行為に、私はおや？と思った。

この国では人の集まる所、また観光客の集まる所、かならず物乞いはいる。いちいち物乞いにほどこしをしていたらきりがない。ガイドなどからも止められていた。ひとりにあげたら大勢集まって来て、しめしがつかないらしい。でも、ほとんどが子供なのだ。このような老婆を見るのはめずらしいような気がした。タオが、また、この国のベトナム人が、ほどこしをしているのはあまり見たことがなかった。

ブンタオ行きの船内には、半分くらいの乗客が乗っており、エアコンも効いていて中はゆったりとしていて、一時間少しくらいで着いた。

栈橋を降りると、外はホーチミンにも増して暑く感じたが、リゾート地特有の爽やかさがあり、先程までのホーチミンの喧騒が信じられないくらい静かだ。

着いたのが昼少し前だったので、ホテルにチェックインする前に食事をするため、通訳を伴って三人で桟橋からタクシーに乗って、小高い山道を登って行った。周りには別荘風の建物がところどころあるだけで、何もない山の中だ。「こんな所に食事する所があるのか」と思うような所だ。

タクシーは山の中腹にある駐車場に止まった。周りには南国特有の木がうっそうと茂り、道を隔てた山道を少し降りた所にレストラン?があった。レストランといっても草葺屋根の小屋風な建物が山の斜面に段段に三つあり、昼時ということもあったが、中はかなり混んでいた。

われわれは一番下の小屋の角に席をとった。周りには何も囲いがなく、木々の間からは遠く下のほうに海岸線が見え、心地良い風が吹き抜けていた。

注文は通訳にまかせて、とにかくビール。ここベトナムに来て毎日、朝、昼、夜、一日中ほとんどビールを飲んでいる。いろんな銘柄のビールがあるが、ベトナムビール333（バー・バー・バー）を飲むことがほとんどだ。

ベトナムに来て毎日水代わりのように飲むビール。このとき飲んだビールが一番うまかったような気がした。

通訳が頼んだ料理が運ばれてきた。いままで一度も見たことのない料理ばかりである。ほとんどが魚介類中心で、ベトナム風海鮮料理というところか。

最後は鍋で終わることが多い。この鍋のスープをベトナム特有のパラパラとしたライスにかけて食べる。これがまた最高にうまい！

ここベトナムの米は、日本の米のような粘り気はなく、サラサラ、パラパラしている。また、そのままライスだけで食べるのはあまり見たことがない。何かを上にかけて食べることがほとんどだ。甘酸っぱいスープのカイン・チュア（Canh Chua）などをかけて食べると、いくらでも食べられる。日本のよくダシのきいた「お茶漬け」といったところか。

この暑いベトナムで食べる「スープかけご飯」は、ここの食文化？　食習慣？

もうひとつ、ここに来て気に入った食べ物がある。「ザウ・ムオン・サオトーイ」（空心菜のニンニク炒め）歯ごたえがありニンニクが利いていて、「魚醤」

（ヌクマム）で味付けがしてあり、必ずというくらいどこでも出てくる。日本の漬物？といったところか。

食べ物のことでもうひとつ。ベトナムでは「フルーツ」の何と種類の多いことか。ドラゴンフルーツ（見た目は真っ赤、中は白い果肉に黒ゴマ）、ジャックフルーツ、マンゴー、マンゴースチン、ランプータン、スターフルーツ、バナナ、パパイヤ、スイカ……。

食事の後は、今日泊まるホテルに行くため、タクシーで海岸線を走った。途中にはあまり人影がなく閑散としていて、リゾート地らしい雰囲気をだしていた。ウイークデイということもあるのかもしれない。

ここブンタオはホーチミンからの日帰りリゾートコースとなっているらしく、週末にはかなり混み合うようだ。

海と山の海岸線をほとんどすれ違う車もなく、タクシーは走ってやがてホテルに着いた。どこまでも続く海岸線の道路ひとつ隔てた反対側に、ヤシの木に囲まれるように七、八階建てのかなり大きな真っ白いおしゃれなホテルがあった。

通訳を伴ってロビーに入って行くと、白一色の南国ムードいっぱいの広いロビーには、自分たち以外ほかには誰もいない。

通訳のトイーは観光ガイドも兼ねており、ここまでトイーを連れてきたのには理由があった。この国の女性と外国人が同宿することは禁止されているのだ。観光地でもあり、現地のガイドなので、何とかなるかもしれないと思っていたが、やはり駄目であった。

通訳のトイーがフロントでの交渉に、なにやら苦心しているのがわかった。いざとなったら二つ部屋をとればいいのだということはわかっていたが、すべてトイーにまかせた。

パスポートと彼女の身分証明証をフロントに預け、結局、部屋は二つとることにした。

チェックインが済んだので、ロビーのカフェで通訳のトイーに二日分の報酬と経費を支払って帰した。

部屋に通されて、なるほどトイーが苦心して交渉していたのがわかった。二部屋といっても隣同士の角部屋で、手前には従業員用の厨房のようなものがあり、行き止まりになっていて、誰にも干渉されずに二部屋自由に使うことができるようになっていた。

部屋に入ってから、なにやらタオが怒っている。さあ大変だ、これからは通訳なしなのだ。

どうやら通訳に支払った報酬が多すぎる、というのである。そういえばトイーもたいした仕事はしていない。昨日はタオの家に行って食事して帰っただけだし、今日はブンタオに来て昼食を一緒に食べて帰っただけだ。もしこれが仕事なら、こんないい仕事はない。

でも、自分としては、通訳がいないと何事もはじまらない。これは必要不可欠なもの、けっして高いとは思わなかった。

通訳のトイーに支払ったのは、経費も含めて二日間で百五十ドルだ、コーヒー代、高速船代、昼食代、タクシー代の経費も含めての報酬なので、自分としてはむしろ「そんなものでいいのかと」思ったくらいであった。

でも、タオが怒っているのは、報酬が多いと言っているのか、トイーがたいした仕事もしていないと言っているのかよくわからない。タオが、「トイーにすぐ

電話をしなさい」と言っているのは何となくわかった、
でも、「俺は大丈夫だから、それでOKなのだ」と言っても、怒って自分の部屋にいってしまった。

この国の公務員一カ月の給料が五十ドルくらいだと聞いたことがあるので、なるほど、それに比較すると少し高いかなとも思う。自分が思っている貨幣価値と現地の人との貨幣価値には、かなりの差があるのではないかと感じた。

部屋の窓からヤシの木越しに、青い海と白い海岸が見えた。まだ昼過ぎの太陽は強烈で、今外に行ったらヤケドしそうなくらいだ。部屋のエアコンを目一杯にして昼寝をした。

数時間して昼寝から目が覚めた頃には、外はだいぶ柔らかい日差しにかわっていた。

水着に着替えてホテルから海岸に出た。延々と続く海岸線には余り人影もなく、家族連れ風の何組かが海に入って泳いでいた。

ここの海岸は遠浅になっていて、タオは子供のようにはしゃぎながら、いきなり海に入ると、沖のほうまで泳いでいった。

海岸に置いてある長椅子に座りながら、夕方特有の沖から吹いてくる風が少し生暖かく、それがまた心地良く顔からだを吹き抜けていた。

海の遠くをボーッと眺めながら、今自分がここ南シナ海でこうしていることが何か不思議な気がした。なぜここまで来てしまったのか、どうしてこうなったのか、自分自身よくわからない。何か運命的なものを感じた。

自分自身の波瀾万丈な人生の最後に、やっと行き着いた「小さな幸せ」なのか。幸せを求めてわざわざここに来たのではない、気がついたらここに来ていたのである。


今回泊まったホテルの周りには、一、二軒のビラ風のレストランがあるだけで、ほかには何もない閑散とした所。ホテルでは朝食は付いているが、外食がほとんどなのだ。

夕食のためホテルの前で待っているシクロに乗って、ブンタオの街へ行くことにした。

シクロ（人力三輪車）、このシクロにはいろんなタイプがあり、横に並んで二人乗るのと、前後に二人乗るのがあり、ここのシクロは前後に二人乗るタイプなので、タオを膝に乗せてシクロに乗った。

すでにうす暗くなった街路灯だけの海岸道路をひとしきり走り、やがて街の中へゆっくりとシクロは入っていった。両側には民家が並び、ところどころ食堂カラオケ屋が明かりを点け、シクロのゆっくりしたスピードと目線の高さが、家々の中（生活）を覗き見るように走っていった。

物珍しさもあって時間の感覚がなく、一時間くらいで街の中心に着いた。シクロも大変である。後ろで汗をかきながら、一生懸命にシクロを漕いでいる。でも、彼らはこれが仕事なのだからしかたがない。

街の中心の一番混んでいる食堂に入った。どこへ行っても混んでいる所ほど間違いなくうまい店だ。これはどこでも同じことだけれど、ベトナムでも、これが目安なのだ。

食べ物はシンプルな物が多いが、ビールを飲みながらのベトナム料理は、何を食べてもうまい。今までタオがお酒を口にすることは一度も見たことはなかったが、今回は一緒にビールを飲むのを初めて見た。

帰りもタオを膝に乗せ、酒の勢いも手伝って何を歌ったか覚えていないが、何か交互に歌いながら、

「シクロも何か歌え！　ベトナムソングＧＯ！　ＧＯ！」

なんて騒いでいたら、カラオケに行きたくなった。

シクロに「日本語のあるカラオケ屋はあるか」と聞いたら、「ある」と言うので、そこに行こうということになった。そこのカラオケ屋の大きな部屋で、タオと二人きりで、日本の演歌とベトナム語の歌を交互に一時間半くらい歌った。なぜかタオはテレサ・テンの歌がほとんどだった。

日本に帰った後、このテレサ・テンのＣＤをタオに贈った。日本語の歌だけれど、ブンタオの思い出がいっぱい詰まったＣＤのような気がした。

次の日、ブンタオからホーチミンに戻り、その日の夜間便で日本へ帰るためショッピングに行った。

今日、日本へ帰ることで、昨日トラブルがあった。タオは、私が明日日本へ帰るものだと勘違いしていた。明日は明日だけれど、日本には明日の朝に着く。ホーチミンは今日の夜中の出発なのだ。

それは困るというのだ。今日の夜、お姉さんの家で食事をする段取りになっているらしい。そう言われても困る。夕方には帰る準備をして出発しなければならない。予定どおりいかなかったのか、最後の日になってしまうからなのか、タオの涙を初めて見た。

# 養母のこと

あっという間の四日間が過ぎ、次の朝、関西空港経由で羽田に着いた。日本に帰ってすぐ山梨へ行った。ケア付き老人ホームに養母を見舞うためである。ほとんど寝たきりの養母は、八ヶ岳の麓、清里の平静な場所にある老人ホームに入っていた。もうすでに百歳近い年齢になっていた。

私の顔を見るなり、

「大変なことになってしまった」

と言っているので、よくよく話を聞くと、

「ニセの遺言書が作られたので、それを何とかしてくれ」

というのだ。本人が納得していないのに、

「弁護士、医者、司法書士が来て、勝手に遺言書を作っていった」

と言うのである。

そのとき、これは大変な事件になりそうだ、と自分なりに思った。さっそく本人の言っていることをすべて録音テープに取った。もしもの時のために証拠として残すためである。

山梨から横浜に帰ってすぐにテープを書式に変換してもらい、それを持って横浜弁護士会館に行った。

「ここで一番優秀な弁護士を紹介してください」

たまたま、その日そこに居合わせた弁護士を紹介された。この弁護士はまだ若く、「見るからにキレそう」という感じがした。

以後、この件に関しては、すべて弁護士にまかせることにした。この弁護士に出会ったことはたいへん幸運であった。何回かは山梨に同行したが、テキパキとこなし、思ったより短期間で解決した。

この養母と養子縁組をしたのは十五年くらい前だ。当時、弟と二人暮らしで甲府のはずれにある昇仙峡の入口にある住宅街に、数年前、東京から移り住んでいた。

一年前、長年一緒に暮らしていた弟が亡くなってしまい、その頃から何やら周りが騒々しくなっていた。一度は一件落着したようだったが、ここにきてまたなにやらくすぶり続けていた。「優秀な弁護士」のおかげですべて解決したのだけれど、大変な事を背負ってしまった。今後、すべて養母のことは自分に責任がかかってきてしまった。

一番先に頭に浮かんだのは、「これで当分、海外はおろか、ベトナム行きは無理だ」ということだった。養母も高齢のため、これ以上「悪くはなっても良くなることはない」という状態だ。もしもの事があったとき、留守をして、いなかったならば、大変なことになるのは目に見えている。またそんなときに限って物事は起こるものなのだ。

いつ行けるかわからないベトナム行き。「これも運命なのか」と自分なりにはあきらめていても、タオからは、

「母親の具合はどうか、今度はいつベトナムに来るのか」

と英文の手紙が次から次へと来る。

言葉が壁となり、思いどおりに意思が通じない日々が続き、あれから（感動の

ブンタオ）半年が過ぎようとしていた。

２０００年12月１日

おげんきですか、ひさしぶりに　てがみをかきます。
いつもただひこさんを　おもいだします。
でんわをしたいですけど　はなすことも　きくことも
むずかしくて　できません　すみません。
いっしょうけんめい　にほんごのべんきょう　がんばります。
きのう　オフィスのタムさんから　でんわをもらい　たんじょうび
プレゼントをもらいました　どうもありがとうございました。
たいへん　うれしかったです　ふかいかんどうをうけました。
うれしくて　なみだが　とまりませんでした。
あなたの　こころは　やさしいですね。
わたしは　ただひこさんを　ほんとうに　あいしています。
もう　あれから　６っかげつになります　さびしいです。

郵便はがき

恐縮ですが
切手を貼っ
てお出しく
ださい

1 6 0 - 0 0 2 2

東京都新宿区
新宿 1－10－1

**(株) 文芸社**

ご愛読者カード係行

| | | | |
|---|---|---|---|
| 書　名 | | | |
| お買上<br>書店名 | 都道府県　　市区郡　　書店 | | |
| ふりがな<br>お名前 | | 明治<br>大正<br>昭和　　年生　　歳 | |
| ふりがな<br>ご住所 | □□□-□□□□ | 性別<br>男・女 | |
| お電話<br>番　号 | （書籍ご注文の際に必要です） | ご職業 | |

お買い求めの動機
1. 書店店頭で見て　2. 小社の目録を見て　3. 人にすすめられて
4. 新聞広告、雑誌記事、書評を見て（新聞、雑誌名　　　　）

上の質問に 1. と答えられた方の直接的な動機
1. タイトル　2. 著者　3. 目次　4. カバーデザイン　5. 帯　6. その他（　　　）

| | |
|---|---|
| ご購読新聞　　　　新聞 | ご購読雑誌 |

文芸社の本をお買い求めいただき誠にありがとうございます。
この愛読者カードは今後の小社出版の企画およびイベント等の資料として役立たせていただきます。

本書についてのご意見、ご感想をお聞かせください。
① 内容について

② カバー、タイトルについて

今後、とりあげてほしいテーマを掲げてください。

最近読んでおもしろかった本と、その理由をお聞かせください。

ご自分の研究成果やお考えを出版してみたいというお気持ちはありますか。
ある　　ない　　内容・テーマ（　　　　）

「ある」場合、小社から出版のご案内を希望されますか。
する　　しない

ご協力ありがとうございました。

〈ブックサービスのご案内〉
小社では、書籍の直接販売を料金着払いの宅急便サービスにて承っております。ご購入希望がございましたら下の欄に書名と冊数をお書きの上ご返送ください。（送料１回380円）

| ご注文書名 | 冊数 | ご注文書名 | 冊数 |
|---|---|---|---|
| | 冊 | | 冊 |
| | 冊 | | 冊 |

いつも　でんわで　あなたの　こえをききうれしいです。
でも　あまり　わかりません　ざんねんです。
きょうは　このまえ　おくってもらったCDを　きいています。
たいへん　かんどうしています　このおんがくは　このまえ
ブンタオで　わたしがうたった　テレサテンのうたです。
あなたは　そんな　おんなじ　うたをえらんで　おくって
くれました　びっくりです。
あなたは　こんど　いつベトナムへきますか　たのしみに
まっています。
ただひこさん　いまは12がつ　そろそろクリスマスとしょうがつ
がありますね。
こちらのテレビには　にほんのふゆ　とゆきが　うつっています。
ゆきは　きれいですね。
ベトナムは　いま　あついです　まいにち30ど　いじょうです
りょうしんと　あねは　あなたのことを　とても　よいひとだと

いっています。
わたしは　いつか　あなたと　いっしょに　くらしたいと
おもっています。
あなたは　ひとりだけ　わたしの　きぼうです。
しんじてください　わたしは　えいえんに　あいしています。
ではまた　てがみを　かきます。
EVERYDAY MISS YOU
LOVE YOU TOO MUCH
EVERYTHING ONLY YOU
MY LOVE
THU THAO

年が変わって三月頃、黒澤氏（初めてのベトナム行きのきっかけをつくってくれた、酒が友達ではないかと思われる課長）が、勤続二十年の特別休暇に両親をベトナムに連れて行くということになった。

この二、三カ月前、ホーチミンで駐在員を五年くらい勤め、交代で日本に帰ってきた高橋氏と逢った。

「武藤さん、大変なことになっている」

と言って、おみやげと写真を持ってきた。

「彼女がお店を経営している」

と言うのだ。

高橋氏が持って来た写真を見ると、かなり大きな店で、三、四人の女の子を使い、彼女が店を切り回しているということだった。

「寝耳に水」というか。このことに関しては、今まで何一つ聞いていないのである。第一、そんな資金はないはずだ。なぜ今まで一言も言わなかったのか？

そういえば、ここのところ、あれほど来ていた手紙も長いこと来ていなかった。

早速そのことに関して電話をしてみた。言葉の壁であまり通じない会話の中でわかったのは、「朝から夜遅くまで仕事で忙しい」ということであった。また「家も引っ越した」というのだ。

なぜ、家まで引っ越さなければならなかったのか。言葉が完全に通じないために、何となく納得のいかないままとなった。

三月も半ば頃の夜中、十二時過ぎに携帯に電話がかかってきた。黒澤氏からのものだとすぐにわかった。

そういえば今頃ベトナムへ両親と行っているはずだ。ベトナムとの時差は二時間。

「今日ベトナムに着いた、今、彼女（タオ）の店に来ている」

黒澤氏がベトナムへ行く前に「自分なりによく偵察をして来る」と言っていたが、ベトナムに到着したその日のうちに、タオの店に行くとは思わなかった。

「店は大きくてすばらしいが、これだけの店を維持していくのは難しいかもしれない」

と、黒澤氏は感想を伝えて来た。

黒澤氏はその後、両親とリゾート地ニャチャンなどへ行き、一週間ほどベトナムを満喫し、両親はベトナムに感動して帰って来たと連絡が入った。

自分も急にベトナムに行きたくなった。

でも、年老いた寝たきりの養母をおいて行くわけにもいかず、何となくやるせない毎日が続いた。

それから二カ月くらいした五月に入って、あの楽しかったベトナム、ブンタオ行から一年が経とうとしていた。

今、もう一度ベトナムへ行かないと、もう二度と行かれないような気がした。だが、問題は養母である。一週間に一度くらいに横浜から山梨へ見舞いに行っているが、ここのところ病状も安定しているようだ。

「よし、イチかバチか行ってみるか」

もし何かあれば途中でも引き返す覚悟で行く決心をした。

ベトナムに行くにはビザが必要であるため、すぐ行くわけにはいかない。少し時間がかかる。

行くか行かないかはギリギリで決めるとして、とりあえずチケットとビザをトラベルアドの荒井氏に頼んでおいた。

きっと今度はいつベトナムに行くことができるかわからないので、それならいっそタオが日本へ来られるようにしたほうがよいと思いつき、今回の最大の目的はタオが日本へ来るためのビザを、ホーチミンの日本大使館（領事館）に行って申請することだった。

ベトナム人が日本へ入国するためのビザを取るのは難しいと聞いていたが、とりあえず挑戦してみることにした。

ベトナム駐在所の木村氏に至急資料を送ってくれるよう頼んだ。

さっそくファックスで必要書類の案内が送られてきて、驚いた。なんと申請書類の多いことか。写真はもちろんのこと、査証申請書、身元保証書、入国理由書、滞在日程書、滞在日程変更書、戸籍謄本、住民票、在籍証明書、源泉徴収票、入国を立証する資料（二人で写った写真、手紙など）が必要である。

急遽ベトナムへ行くことになったので、書類集めに激走した。ほとんどの書類は何とか揃えたが、保証書、理由書、日程書の見本はあるが、全部自分で作成しなければならない。

困った。あと一日しかないのだ。時間がない。

しかたがないので、先日、東京に住んでいる長男が、

「パソコンでもやったほうがいいよ」

と言って持って来た、まだ一度も手つかずのノートパソコンに向かった。こうなるのなら、少し出来るように練習しておけばよかった。

とにかく、取り扱い説明書とガイドブックを見ながら、徹夜して必死で何とか資料を作り上げた。

準備はできた。あとは明日の朝出発するだけだ。「今日は五日間の休みのための仕事の段取りで忙しいぞ」と思いながら、一時ソファーで横になった。

ん？　何か変だ、思うように身体が動かない、頭が痛い。

体温を測った、や、や、三十八度少しの高熱なのだ。ここのところ風邪気味だったことはたしかなのだけれど、ハードスケジュールがたたったのだ。

普段、ほとんど行ったことのない医者に行った。

出発の前日なので、やらなければならない仕事もあり、フラつく頭で夕方までかなりハードな仕事をしていた。

夕方になっても熱が下がらず、トラベルアドの荒井氏に電話を入れた。

「明日出発だけれど、朝起きて熱が下がらなければ、中止するかもしれません」

「武藤さん、今何をしているんですか。仕事は早く切り上げて、家に帰って寝たほうがいいですよ」

そうだ仕事をしている場合ではない。すぐに家に帰ることにした。

まだかなり熱があるため食事もできない。熱があるときの風呂はいけないらしいが、思い切って熱めの風呂に入り、薬とビールを飲んで、半分ひらきなおったつもりで寝た。

思えばここ何日間、かなりハードな日が続いた。横になったら一時ぐっすり寝入った。

夜中十二時過ぎ頃、一度目がさめた。

おや？　あんなに重かった頭と身体が軽いのである。熱が下がっていた。

よっしゃー！

その時点で、明日のベトナム行きを決定した。

次の朝、まだちょっとフラつく頭と身体だったが、羽田発関西空港経由で出発した。

機中ではひたすら寝入っていた。

今回のベトナム行きは、いつもとは違う何かいやな予感がした。いつも必ず当たる予感。今回は当たらなければよいが……。
二〇〇一年五月末のことである。

# 四回目のベトナム行き

四回目のベトナム、今回もパックのフリーステイ。前回と同じレックスホテル。ホーチミンのタン・ソン・ニャット空港に着くと、例のムッとした熱気と、出口のあの騒々しさに、「ベトナムに来たのだな」と実感した。

迎えに来たマイクロバスに乗ってホテルに向かった。

今回の空港からホテルまでの添乗員は日本語が上手なベトナム人女性で、ご主人が日本人らしい。ドン・コイ通り（Dong Khoi St.）でみやげ物屋をやっていて、

「近くに行ったら、ぜひ寄って下さい」

と、なかなか商売上手な〝しっかり奥さん〟である。

子供の写真も見せてくれ、

「どう、かわいいでしょう」

と自慢していた。

そのとき貰ったドン・コイ通りのみやげ物屋の名刺が、今回、後で思わぬところで役立つとは、そのときは思ってもみなかった。


その日の夕方、レックスホテルのロビーで、タオを待っていた。駐在員の木村氏と待ち合わせて食事に行くためである。チェックインのあと、シャワーを浴び、待ち合わせの六時にロビーに行くと、すでに木村氏が現地社員と共に来ていた。

レックスホテルは、ホーチミンの中心街のど真ん中にあり、唯一国営のホテルだ。ホテルの前には市民が利用する大きな公園があり、すでに暗くなった街にホテルの建物が派手にライトアップされ、観光名所にもなっている。

待ち合わせ時間を三十分も過ぎているのに、タオはまだ来ない。

日本を出発する前、念のため現地社員から待ち合わせ時間については確認の電話が入っているはずである。

そういえば、彼女は前にも何回か待ち合わせ時間に遅れたことがあった。時間にルーズなのか？　それとも国民性なのか？　でも、これほどまで遅れたことはない。

待ち合わせ時間から四十分くらいして、やっとロビーの入口からタオがやって来た。言葉が通じれば、「なにやってたんだ」くらいのことは言っていたかもしれない。

多少顔には出ていたらしく、タオはなにか済まなさそうな仕草だったので、理由も聞かず、とにかく皆でレストランに食事をしにいった。

レストランは木村氏が予約しておいてくれた。

ホーチミンでは高級なほうのベトナム料理のレストラン。目の前で生きているエビをそのままボイルしたり、魚介類中心で、生春巻きあり、魚のダンゴ?あり、例の魚介類のスープありと、久々にベトナム料理を堪能して、先程の待ち合わせに遅れた件はすっかり忘れようとしていた。

駐在員の木村氏も、ホーチミンの事務所に赴任して一年近くなり、だいぶ慣れたようで、

「今ではホーチミンの生活を満喫している」

ということだった。

食事も半ば頃、タオの携帯電話が何度も鳴り出した。

そのたびに、タオはなにか落ち着かないような仕草をするので、

「何か用事があるのなら行ってもいいよ」

と言ったものの、一年ぶりの再会ではあるし、まさかその場から中座するとは思わなかった。

そのときも、タオは少し済まなさそうな顔をして出て行った。

思わず駐在員の木村氏と顔を見合わせて、気まずい空気が一瞬流れた。

「ベトナムに何しに来たのだろう」

「今回は招かざる客だったのか」

物事は最初が肝心である。最初が悪いと、すべてを悪いほうに考えてしまうものだ。

タオが出て行ったあと、現地駐在員が、

「タオさん、自分のお店で待っていると言っていました」

と告げた。

「それならそれと最初から言えばいいのに」

でも、気まずい思いは残ったままだった。

レストランを出てからタオの店に行くことにした。

彼女の店は、チャン・フンダオ（陳興道）通りの広い通りに面し、ホーチミンの中心からタクシーで十分か十五分くらいの所にあった。

店の名前は「AI CAP」。昼はカフェ、夜はカラオケをやっているそうだ。

すでにタオは先に来ていた、店の中では、何組かのカップルが、順番にカラオケをなにやらベトナム語で歌っていた。

店の中は、まだ真新しく、周りの壁にはスタンカーメンの飾りがしてあり、かなり立派な店である。

「こんなお店をやる資金がどうしてあるのだろう？」

ただ疑問だけが残る。

日本語のカラオケはないらしいので、木村氏とウイスキーをボトル一本くらい飲んだ。

何か今までの何となく納得いかないモヤモヤから、「飲むしかない」という気持ちになっていた。

木村氏以外は言葉が通じるわけもなく、居心地がイマイチということもあり、「帰る」ということになった。

てっきりタオがレックスホテルまで送ってくれるのかと思った。いくら仕事中でもホンダで十分くらいである。わざわざタオのために今日、日本から来たのだ。すべて言葉が通じないので、意思が通じるわけもなく、しかたがないので帰りは木村氏の乗ってきたホンダでホテルまで帰った。

「言葉の壁」とわかっていても、何か納得のいかないものだけが残ってしまった。そんなとき、考えることは悪いほう、悪いほうに考えてしまうものだ。

「あれほど立派な店、一人で経営できるわけがない」

「スポンサーでもいるのか？」

「家を引っ越したのはそのためか？」

いや、言葉さえ通じれば、何でもないことだったのかもしれない。きっと自分の思い過ごしにすぎない。そう思わないと、今回相当無理をして来た自分があまりにも情けない。

でも、何事もなかったとしても、今後「言葉の壁」は越えることはできるわけもない。今回と同じことが続くであろう。

次の朝、タオとロビーで九時に待ち合わせていたが、いっそこれ以上会わずに帰ろうと、その夜決めた。

レックスホテル名物の朝食を、屋上にあるレストランで早めに済ませ、フロントに

「タオという友人が来るので、この手紙を渡して欲しい」

と言い残して、八時半頃、ホテルを出た。

手紙には、

go back japan today

good-bye

とだけ書いておいた。

# ベン・タイン市場

ホテルのロビーを一歩外へ出ると、前の公園にたむろしているシクロが「待っていた」とばかりに、すぐに声をかけてきた。

「どこ、どこいくの？」

日本語だ。

よく私が日本人と一目でわかったものだ。商売根性というか、見上げたものだ。この辺のシクロは、ホーチミンでも一番悪質と聞いている。相手にしないで無視して歩いていくと、いつまでも付いてくる。

「どこ、どこ行くの？」

うるさいやつらだ。少し小走りにホテルの前の公園を通り越し、次の通りのほうへ行った。やっとついてこなくなった。

ベン・タイン市場の時計台

ベン・タイン市場の風景

次の通りはホーチミンでも有名なドン・コイ通り。みやげ物屋、レストラン、ホテルが両側に並んで観光名所にもなっている。

このドン・コイ通りをマジェステックホテルのほうへ抜けてサイゴン川沿いをベン・タイン市場まで行く予定だった。

ところが、通りの角々にシクロがたむろしていて、遠くのほうから手を振りながら、

「おーい、おーい、どこ行くの」

日本語である。

あんなに遠くからよく日本人だとわかったものだ。そういえば、彼らは真っ黒に日焼けして、目だけギョロギョロしている。

完全に無視をきめこんで、ひたすら早足で歩く。

次から次に、どこからか湧いてくるのか、「まるでハイエナだよ、こいつら」と思った。

しかたがないから予定を変え、また元の広い通りへ行き先を変えた。

ベン・タイン市場は歩いても行ける所だが、朝からこの暑さの炎天下、それに夕べ飲み過ぎて最悪の体調だ。やむなく道端に客待ちしているタクシーの運ちゃんに

「ベン・タイン市場まで行ってくれ」

と言った。

だが、タクシーに乗ったのはいいが、今まで四回もベトナムに来ているものの、一度も一人でタクシーに乗ったことがない。だいいちメーターがドンなのかドルなのかわからない。しかもドンは一枚ももっていない。

「何とかなるだろう」と居直った。

ベン・タイン市場の時計台の前でタクシーを降りた。問題は料金だ。自分なりに「こんなものだろう」と判断して、とりあえず一ドルを出した。運ちゃんは物足りなさそうな顔をしている。

しかたがないから、もう一ドル出した。運ちゃんの顔がにっこり微笑んだ。

「釣りはいらないよ！」

と言って降りたが、タクシーの運ちゃん、なかなかその場から動かない。

「まだ足りないのか?」

と振り向くと、

「帰りも、俺のタクシーに乗れ。ここで待っている」

としぐさで言っているのがわかった。

「OK」

と返事をして、時計台の下から市場へ入っていった。きっと朝から二ドルは良い客だったのだろう。

ベン・タイン市場……、天井が高く、広々とした建物の中はちょっと薄暗く、中は迷路のように小さな店舗がひしめきあっている。一階と二階になっていて、一度迷子になったら外に出られないくらいだ。

エアコンが効いているわけもなく、サウナ状態。店内所狭しとぶら下がっている商品には、ほとんど値札が付いていない。

目ぼしい物があれば、「バオニュー(これ、いくら)」と聞くしかない。

敵(店の人)も、こっちの顔を見ながら値段を言ってくる。この中の商品全部値段があってないようである。また言いなりで買う人は誰もいない。

でも、そう簡単にはマケない、そこからが客と店の人との勝負である。

最初のうちはなかなかマケないから、こっちもだんだん要領がわかってくる。

「それならいらないよ、バイバイ」

と、一度その場を離れる。完全にその場を離れてはいけない。ほんの二、三歩、その場を離れるのである。まだ商談は終わっていないのだ。

振り返って、にっこり微笑む。だいたいこれで値を下げる。

一度その値段を決めておいて、追い打ちをかけるように、

「じゃあ、それを何個まとめて買うから」

ともう一度マケさせる。

すべて交渉はドルだ。ほとんどが一ドル単位の交渉なのだ。たまにドンで言ってくるが、桁が多いのでごまかされてしまう。

なにせ一ドルは約一万ドン。仮に十ドルのバッグがあったとしたら十万ドン。二、三個まとめて買ったら何十万ドン。こうなったら高いのか安いのか、わからなくなってしまう。

向こうの手に乗ってはいけない、すべてこちらのペースで進めなければ駄目だ。

このベン・タイン市場の中には何でも揃っている。生鮮食品、日用品、洋服、布地、雑貨、貴金属、またその量たるやすさまじいものだ。

この迷路のような市場の中を、汗をかきながらあれこれ品定めをしていると、

「お父さん、何さがしているの」

と、後ろから若い男の声がした。

「今度は市場のハイエナか？」

振り返ると、年の頃二十歳くらいの男の子が何か真剣な顔つきで立っている。

「お父さん、何買いたいの。案内してあげるよ」

流暢な日本語である。

「け、日本でもよくあるポン引きか？」

最初は無視していたが、あまりにも真剣な顔つきなので、こっちから聞き返した。

「君はここで何をしているの」

「私の店は、この中でコーヒーを売っている。お父さんコーヒーはいらない

の？」

コーヒーか、コーヒーもいいな。

「じゃあ、あとで寄るから、店はどこだ」

「お父さん、今行こう。案内するからついてきなよ」

何かおもしろそうなやつだ。だいいち日本語が通じるのがいい。

その男の子のあとをついて行くと、市場の外にいったん出て、市場の通りに面した所にコーヒー屋はあった。コーヒー屋といっても二、三人が入ればいっぱいになりそうな店で、コーヒー豆を挽いて袋に詰めるだけだ。

入って行くと母親らしい人が、扇風機のスイッチを入れて、こちらに向けてくれた。気がついたら額、首筋、両腕が汗びっしょりである。

「お父さん、これ飲みなよ」

男の子は、氷の入ったお茶を手渡してくれた。

さっきまでは「うるさいな」と思っていたが、もうほとんど勝手に友達気分なのだ。

これだけしてもらって、コーヒーを買わないわけにはいかない。ヤツの策略にはまったか。彼らはコーヒーを売るために必死である。

「お父さん、もっといらないか。ウチのコーヒーはうまいよ」

「もういい、それで充分だ」

「お父さん、あと何買いたい。私が案内するよ」

おもしろくなってきた。臨時の通訳付きで買い物だ。

「そうか、じゃあ母親のために服を買いたいんだ」

市場の中の女性が着ているのを指差した。ベトナムでは年配の女性がほとんど着ている〝ババシャツ〟だ。

「わかった。私に付いてきな、知っている店に連れていくよ」

男の子は、「こっちこっち」と、先頭に立って人を分けながら、市場の中へ入っていった。いつの間にか友達らしい男の子がもう一人付いてきた。

通路は狭く、人と人とがすれ違うのがやっとのところを、どんどん中へ入っていった。

ときどき振り返って
「お父さん、カバンは横と後ろはだめだ！」

と忠告する。肩から掛けていたカバンを、首から掛けて前に抱えろというのだ。

いちいちうるさいが、何となくおもしろくなってきた。

前と後ろを男の子に挟まれて、市場の中を〝ＶＩＰ〟なみに歩きまわっていると、人びとの視線が、皆こっちを注目している。

「お父さん、この店は私の知っている店だ。どんなのがいい」

目の前に山積みにされている品物の中から、「どれがいい」と言われてもわからない。

「君の母親が着ている物と同じでいいよ」

「じゃあ、これはどうか」

いちいちおせっかいなやつだ。

「よし、それを二つ買うから、安くしてもらえよ」

「わかった。私が安くさせるよ」

本当に安いのかどうかわからないが、彼を信用することにした。

「お父さん、今度は何を買う?」

コーヒー、カバン、洋服、ネクタイ……、かなり買い物をしたが、ここはベトナム、いくら買い物をしても高が知れている。まだ二、三十ドルくらいしか使っていない。

市場の中には、いくらでも欲しい物がいっぱいあるが、このまま買っていたならば、持ち帰れなくなってしまう。でも、今回は「このまま帰る」ということになったので、用意して来たお金もあまり必要がなくなった。そうだ宝石だ。

「宝石を買おう」

「お父さん知っている店案内するよ、こっちこっち」

また、前と後ろに男の子を連れて、人を掻き分け歩き出した。市場を一度出て道路を隔てた反対にその店はあった。

「お父さん、ここだよ。私の知っている店だよ」

市場の中とは対照的に、明るい店内にはショウケースが幾つも並んでいる、その一番奥の店が知り合いの店のようだ。

ショウケースの前に椅子を出して、

「お父さん、どんなのがいい？」

しつこくて、おせっかいだが、何となくおもしろいヤツだ。

明るくて綺麗な店内だけれど、エアコンはなく、暑いのは変わらない。

「ベトナムは暑いなあ。何か飲み物はないか?」

「お父さん少し待っていてくれ」

男の子はどこかからかアイスコーヒーを持って来た。

「ひとつじゃない。君たちの分もだ!」

「わかった」

「よく働くヤツだ」

ここもやはり商品には、全て値段が付いていない。

「これ値段が付いていないが、一つバオニュウ(いくら?)」

その商品にはひとつ、ひとつ何グラムという数字が付いている。(は、はあーん。これは金のグラムの数字なのだ。それによって計算をして値段を出していくのだ)。もっとも、金の相場は毎日違うわけだから、納得がいく。

「これ二百五十ドル、これ二百七十ドル」

最初はひとつだけ買うのだと思ったらしい。

「カードでもいい?」

「OKです」

「よし、それなら、これ、全部くれ」

目の前の五個全部を指差した。

「全部だと、千五百ドルになります」

「よし全部だ。それ全部くれ」

店員は一瞬たじろいだが、カードを持って店の奥へ入っていった。

なかなか出てこない。十分、十五分……。

「ったく！　この国のヤツら、のんびりしていやがって、時間の観念がないのか！　いつまで待たせるのだ」

やっと出てきたが、何かけげんな顔をしながら、

「身分証明書になるものはないか」

と言ってきた。

パスポートはホテルに置いてきたし、と考えていると、カバンの中にたまたま運転免許証があったことを思い出した。

「これで、いいか？」

女店員は、こんどは、免許証を持って奥へ入っていった。

五分、十分……、またまた待たせやがる。ドアの隙間から、どこかに電話しているのが見えた。

「は、はあーん。俺は信用されていないんだな」

無理もない。このベトナムで一度に千五百ドルも買い物をする人はめったにいないだろう。

やがて女店員は、免許証を持って来た。これでは駄目らしい。

今度は、

「あなたの家の電話番号は」

ときた。

「Japan, 045-XXX-0000 だ」

と、自分の日本の家の電話番号を告げた。

女店員は、またどこかに電話をしている。

しかし、今度はその女性店員は、すぐに戻ってきて、指に丸を作って「ＯＫ」のサインをし、にっこり微笑んだ。私はそれまで信用されていなかったようだった。

「俺は、本当は、あんたたちのほうが信用できないんだけどね」

と私は日本語で独り言をいった。

その宝石をカバンのポケットに押し込んだ。

「お父さん！　そこはダメだ。こっちのほうがいい」

ファスナー付きのポケットのほうへ入れさせた。

「こいつら、お節介を通り越して、親切過剰だぜ」

でも、ここまでされたら、こっちも気分がいい。

「これからエアコンの付いたレストランへ行こう。知り合いを連れてこいよ」

市場の向かい側のレストランで待っていると、来た来た、全部で五、六人連れて来た。

「何でも好きなものを食べなよ」

と言うと、意外と皆、遠慮して飲み物だけを飲んで帰って行った。

「かわいくないやつらだ。人がせっかくご馳走してやろうと思ったのに」

田舎の「おのぼりさん」が、いきなり都会のど真ん中へ来たようで、思わず吹き出してしまった。

「かわいくないやつら、ではなくて、かわいいやつらだ」

きっと、彼らは、こんなレストランには入ったことがないのだろう。

そういえば、周りにはベトナム人は全然いない。

レストランの外へ出たが、余りの暑さに一度ホテルに帰って一休みしてからにすることにした。

九時前にホテルを出てから、あっという間に四時間が過ぎ、市場の時計台は一時を少し回っていた。

ホテルの前でタクシーを降り、ロビーに入ったとたん、そこには何とタオが待っていた。

「あれから（九時）、ずっと待っていたのか」

フロントから鍵を受け取ろうとしたとき、今朝預けた手紙が、まだタオに渡っていないのがわかった。

いけない！　朝チップを渡さなかったからなのか？　それとも言葉が通じていなかったのか？　手紙はそのままになっていた。

タオは顔をしかめて、

「WHY?」

と言った。フロントから手紙を返してもらい、その場でタオに見せた。

タオはその手紙を見て、一瞬泣き出しそうな顔をして、

「WHAT?」

と言った。自分ではもう会わずに帰ろうとしたのに、本人は何が起こったのか理解できていないようだ。言葉の〝壁〟が、こんなにも厚いとは思わなかった。すべては今回、通訳を用意しなかったことが原因なのか?

さあ、困った。自分の意思をどうやって伝えようか。

とりあえず、部屋へ行くことにした(本当はタオが部屋にはいってはいけないのだが、レストランへ行く振りをして、そのまま二人で部屋へ入ってしまった)。

部屋に入ってきてタオが、

「WHAT?」

「……」

二人だけで言葉が通じるわけもなく、タオは携帯電話でどこかへ電話をしてい

る。OFFICEの現地社員に電話を入れて、通訳をお願いしているようだった。

その日の午後は両親の家で食事をし、その夜、姉の家に行き、姉二人と、そのご主人、タオが、四台のホンダでホーチミンの街をドライブするという？

とにかく言葉が通じるわけもなく、タオの後ろを黙ってついて行くしかない。

タオのホンダの後ろに乗り、その前に娘のハーが乗った。三人乗りだ。他の三台も前と後ろに子供を乗せて、ホーチミンの夜をホンダの洪水？に乗って集団暴走族となった。

ベトナムに最初来たとき、ホンダに家族を二人も三人も乗せて走る姿に驚いていたが、まさか自分がそれをやり、走るとは思わなかった。

## タオとの別れ

次の朝、レックスホテルの前でタオとの待ち合わせのため、ホテルの前に出ると、朝早くからシクロが公園の前でたむろしている。

でも、もう顔を覚えられていて、客にならないことを知っている。

「今日はどこ行く。彼女と待ち合わせか？」

「そうだ」

「どこ行くんだ」

「わからない」

シクロとホテルの前で立ち話をしていると、タオがホンダでやって来た。

「きれいな彼女だな」

「まあな！」

「バイバイ」

タオのホンダに跨った。

タオが迎えに来たものの、本当はどこへ行くかわからない。言葉が通じるわけもなく、ただタオの後について行くだけだ。まだシクロのほうが言葉が通じる。

タオも黙って走り出した。広い通りを少し走ったところの建物の前で、ホンダを止めた。

「どうした？」

タオの指差すところに日本の国旗があり、ひと目で日本大使館（領事館）ということがわかった。

「ん、それならそれと、早く言ってくれ」

ビザ申請のための書類は、ホテルに置いてある。

もう一度ホテルへ取りに帰った。

ホテルの前で、シクロが、

「もう帰って来たのか」

と言った。

「まあな」

結局、領事館にビザの申請をしたが、書類不備で受け付けてもらえなかった。

「あれほど必死に揃えたのに」と思ったが、でも、あまりがっかりしないのだ。

昨日からのことが、そういう気持ちにさせたのかもしれない。

その日一日は、タオの後ろに黙ってついて行くしかない。

その日は家族全員でマイクロバスに乗って、ホーチミンの郊外にあるリゾート地へ行った。タオの姉さん三人、姉さんのご主人、お母さん、子供たち十人くらい。全部で十七、八人。

よくもこんなに集まったものだ。俺のために集まったのか、それとも暇なのか。

出発するときは、太陽がギラギラ降り注いでいたが、到着したとたん、あっという間に、ものすごいスコール。日本ではほとんど経験したことのないすごさ。やはりベトナムの気候はすごいと感じた。

リゾート地からの帰り、タオと二人きりで皆とは先にドン・コイ通りの近くで、マイクロバスを降りた。

ドン・コイ通りのレストランで、日本語のメニューのある所に入った。

昨日からの疲れもあり、あまり食欲もなく、飲み物だけを飲んでいた。

そんなとき、またタオの携帯電話が鳴り出した。タオが急に慌て出した。

とにかくレストランを出て、タオのホンダが預けてある所まで行った。

タオは、ちょっと困ったような顔で、

「自分は、ここからホンダで帰るから、タクシーでホテルまで帰ってくれ」

というのだ。

なぜ？　ここで言葉さえ通じれば理由を聞くことができたのに、言葉の「大きな壁」の前で、私はどうすることもできない。

タオは五万ドンをタクシー代だと言って渡し、ホンダで帰って行った。

冗談じゃあない。ホテルまで送っていってくれてもいいではないか。

待たしてあるタクシーに、その五万ドンを渡し、返した。そのままタクシーには乗らず、レックスホテルの方角へ歩き出した。

ホテルまでどのくらい歩いたか知らないが、探しながらなので、かなりの時間歩いたような気がした。

レックスホテルの近くまで来たとき、他のホンダとは違って大きなバイクがやけに目にとまった。

「ホン？　ホンじゃあないか」

まさか誰も知る人もないこのホーチミンの夜、ばったり出会うとは思わなかった。ホンは、初めてベトナムに来たときの通訳、観光ガイドだった。前回、一年前も通訳のトイーを紹介してくれた。何か因縁のあるやつだ。

「ダレ？」

「ムトーだよ。覚えているかい」

「やあー、ムトーさん、どうしたの。いつホーチミンに来たの？」

「二日前に来たんだ。ちょうどよかった。話があるのだが、今大丈夫か？」

「今、友人の開店祝いにいくところだが、ムトーさんさえよければ、一緒に行こうか」

ホンのバイクに乗った。

ホンの友人の店は、かなり大きな店で、ヤシの木が茂り、南国ムードいっぱい。また、開店でもあり、かなりの客が入っていた。

やがて、ホンの友人でもある店のオーナーがやって来て、何人か加わり、全員で乾杯をした。

　偶然とはいえ、まさかこんな店のオープンに居合わせるとは思わなかった。

　そこのオーナーが、

「何かあったのですか？　どうしました？」

と聞く。ホンを通じて、そのオーナーにおおまかなことを伝えた。

「で？　彼女の住所はどこですか？」

　オーナーにタオの住所のメモを渡すと、

「あ！　あなたは、その彼女にだまされていますね」

とオーナーは言った。

「え！　なに！」

「この住所は、ホーチミンでも一番高級な所です。女の人が一人で住めるような所ではありません」

「ムトーさんと言いましたか、気をつけたほうがいいですよ、ここではそんな人がいっぱいいますから」

　ホンも一緒に相槌を打っている。

何かどっと疲れが出てきた。

とりあえず、三十ドルを「開店祝いです」と言って渡して、ホンにホテルまで送ってもらった。ホテルまでオーナーも一緒に送ってきてくれた。

ベトナムの人は親切な人が多いとは聞いているが、それにしても今回のタオはどうしたのだろう。そう言えば、前回何度も行ったタオの家だが、今回は一度もいってない。

次の朝は、昨日までの疲れもあって、ホテルのレストランで朝食を取って、昼頃まで寝ることにした。

あっという間の三日間。今日は夜遅くの夜間便で帰る日だ。

昨日タオと別れるとき、

「明日は、どうする?」

と言ったので、

「明日は、こちらから電話する」

と答えておいた。

でも、いっそもう会わずに帰ったほうがよい気がした。

昼近くまで寝ていると、部屋の電話が鳴った。すぐタオからだとわかった。電話に蒲団をかぶせて、また寝た。

何度か電話が鳴ったあと、今度は部屋のデスクのファックスがうなりだした。

「フロントに、タオさんがきています。連絡をください」

英文だが、そのくらい一目見ればわかる。

昼過ぎまで寝ていたが、何となくおなかがすいて目が覚めた。

とりあえず今日帰るための用意を始めた。

「いけない。この前買ったババシャツ、Sサイズじゃないか」

「そうだ、これからベン・タイン市場へ行こう」

ホテルの前からシクロが何か言っているが無視して、タクシーに乗ってベン・タイン市場まで行き、あのコーヒー屋に入っていった。

「こんにちは、この前の彼はどこ?」

「今ここにはいない。捜してくる」

店番をしていた女の子が、どこかへ探しにいった。やがて戻って来た。

「やあ、お父さん、どうしたの?」

「このババシャツ、大きいのと交換してきてくれ」

「わかったお父さん、ちょっと待っていてくれ。俺が交換してくる」

店の中で待っていると、さっきの女の子が、

「まだ、何か欲しいものはある?」

と聞いてきた。何だ、この一家は皆日本語を話すのか。

「そうだな、バッチャン焼き(ベトナムの陶器、安南焼き)が見たいな」

「その店ならいい店を知っているよ。弟が帰ってきたなら行きましょう」

なんだ、男の子の姉さんだったのか。

やがてその男の子は帰ってきた。

「お父さん、その店はここから少し離れた所にあるんだ。あとから行くから、姉さんと先に行っててくれ」

市場の前からタクシーを二、三十分くらい乗ったところに、何やら焼き物専門店が並んでいた。

「ここは、有名なバッチャン焼きの店だ」

男の子もバイクで追いかけてきた。

皆であれこれ品定めをしていると、つい買い過ぎてしまった。さすが焼き物は重い。持って帰るのが、こりゃたいへんだ。

待たしておいたタクシーで市場まで帰ったが、後ろから男の子が二人バイクでついて来る。（こいつら、よほど暇なんだ）と思った。

一度知り合ったなら、とことん尽くしてくれる、ベトナム人の本当の姿を見たような気がする。

今回ベトナムに来たのは、タオのビザを取るためであり、タオに会うためであったはずだ。こんなことになるのなら、最初からすべて通訳をつけるべきであった。

今回かなり無理をしてベトナムに来たので、今度来ることはかなり難しいと思う。もしかすると、これが最後のベトナムのような気がする。

でも、このままで帰ったなら、ずっと〝しこり〟が残ったままになってしまう。

タオにはなんとか自分の意思だけでも伝えていかなければならない。

今更通訳を使っても、もう遅い。

そうだ、あの〝しっかり奥さん〟だ。今回ツアー（フリーステイ）のため、空港とホテルの〝コンダクター〟を務めていて、たしかご主人が日本人で、ドン・コイ通りでみやげ物屋をやっている。「ぜひ一度、寄ってください」と言って、子供の写真を見せてくれたあのベトナム人女性の〝しっかり奥さん〟。

さっそくホテルに帰って、一通の手紙を書いた。


今回ベトナムに来たのは、タオのビザを取ることが最大の目的でした。

でも、書類不備のため、残念ですが、叶うことができませんでした。

一度タオに日本を見せてあげたかった。

また、今回言葉の壁がこれほどにも厚いとは思いませんでした。

言葉が通じなければ何も伝わらず、何も進むことができません。

今後、私がベトナムへ来ることはありませんが、皆様には良くしていただき、本当にありがとうございました。

お父様、お母様、お姉様にも宜しくお伝え下さい。

子供達も可愛かったですね。皆様にも宜しくお伝え下さい。

あっという間の三年間でしたが、愛と夢をありがとうございました。
この思い出は一生忘れません。
健康第一です。身体に気をつけてがんばってください。
皆様の健康と幸せを祈ります。

I LOVE THAO
I LOVE HO CHI MINH
I LOVE VIETNAM

GOOD-BYE

ドン・コイ通りのみやげ物屋へ行って、〝しっかり奥さん〟のご主人に「この手紙を奥さんに渡して下さい、話は帰りにしておきます」と、手紙を託した。ホテルに戻って、今日がベトナム最後の日でもあり、駐在員と夕食でもしようかとOFFICEへ電話をかけた。
「ムトーさん、どうしていたんですか、タオさんが何回も電話をかけてきて、捜していましたよ」

「タオさんにも電話をかけて、来てもらってもいいですか？」

レックスホテルのチェックアウトを六時に済ませ、ホテルを九時出発なので、バッグをフロントに預け、そのまま駐在員、現地社員、タオの四人でベトナム料理のレストランへ行った。

タオは私の顔を見るなり
「WHY?」

「WHAT?」

を連発した。その場には現地社員もおり、通訳も可能だけれど、駐在員も同席しており、その話はしづらかった。

むしろ全然関係ない駐在員や社員ならば、その場で話はできたと思う。でも、もう時間がない。あと二時間くらいで出発なのだ。

レックスホテルの前で駐在員とタオと別れ、迎えのマイクロバスに乗って、空港に向かった。

迎えにきた旅行者のコンダクター〝しっかり奥さん〟が、

「あなたの彼女は、あの子？」

と聞いてきた。

「預かったお手紙、あなたが帰った後私から渡しておきます。で、何があったのですか」

「えー、前回来たときには何回も行った彼女の家、今回は一度も連れて行ってもらえなかった。また、何であんな立派なお店を取り仕切っているのかもわからない。家を引っ越したのもよくわからない。二人で話し合う時間もチャンスもなかった」

「わかりました。その点も私から彼女に話をしてみます」

バスは二、三カ所のホテルに寄ってツアー客を乗せ、三、四十分くらいでタン・ソン・ニャット空港に着いた。

空港の送迎口から中に入ろうとしたとき、後ろから声がした。

「タダさん!!」

タオが空港まで見送りのため、ホンダで追いかけてきたのだ。二人で顔を見合わせて、

「……………」

と、無言のままだった。

空港カウンターで手続きを済ませ、二階の搭乗口へ行くための階段を上がりかけ、タオのほうを振り返ると、何か寂しそうな顔をしていた。

「じゃあね」

私は軽く手を上げて階段を上がった。

最後のタオの寂しそうな顔の残像が、いつまでも脳裏から離れず、日本に帰ってから何日かが過ぎた。

タオからの一通の手紙が来た。その中に二枚の書類が入っていた。一通は「GIA KHAI SINH」とあって、すべてベトナム語のこの書類は、どうやら娘の出生届（一九九二年）か、戸籍謄本らしい。この書類には自分の生年月日である一九六九年と、種族（KINH）、その住所、夫の生年月日である一九四二年、住所が記載されていた。印紙の貼ってある原本だ。

もう一通は、「GIAY KHAI TU」とある。何と夫の死亡診断書だ。一九九四年とある。タオからは、ただ「別れた」とだけしか聞いていなかった。何と娘のハーが二歳のときだ。

もうひとつ、この書類を見て驚いた。それは亡くなった夫が、タオよりも二十七歳も年上だったことだ。

死亡診断書を送ってくるということは、今までに聞いたことがないが、またその内容にも驚かされた。

また、タオと最初逢ったときには、年齢は三十五歳だと言っていたが、これによると、あのときは二十八歳であり、今は三十一歳なのだ。ふつう女性は少しでも若くごまかす？ものだけれど、タオの場合は七歳も多く言っていた。

「なぜ？」

少しでも私に合わせようとしたのだろうか？

でも、何でこんな物を送ってきたのだろう。タオが娘と二人で暮しているのは知っている。そんなことを言っているのではない。それから、今回一度も家に連れていかなかった理由を聞きたかったのだ。

「あなたが六月に来ると聞いたので、引っ越した家が汚いため、職人の人が入って工事をしていた。でも、あなたは予定より早く来てしまった。またその場に日本人を連れて行くと、職人は工賃を高くするため、連れて行くことができなかった」

新しくなった家の写真も同封されていた。

また、「今は毎日、日本語学校へ行って、日本語の勉強をしている」と書いてあった。手紙はほとんどが「カタコト（?）」の日本語だ。

私は日本へ行きたいです。

I MISS YOU SO MUCH.

手紙の最後に、そんな言葉が書いてあった。

# あとがき

初めてベトナムに行って帰って来たときに、自分が生まれ育ったこの国の豊かさに、あらためて幸せを感じないわけにはいきませんでした。

このところ、わが国も不景気風が吹いて、あちらこちらでため息も聞かれる今日この頃ですが、あまり日本人に元気がありません。

その点、物資では、まだまだのベトナムではあるけれど、皆、生きて行くために必死な気がします。人に元気があります。

そのエネルギーの中に、心の豊かさを感じさせます。

今のわれわれは、豊かさに〝ふやけて〟しまっているのではないでしょうか。

われわれは〝物〟の国であり、ベトナムは〝人〟の国なのでしょう。

私がベトナムを訪れるたびに起こるハプニングも、人と人の間隔が近いため起こるものなのだと思います。

物の豊かさもいいでしょう。心の豊かさもいいでしょう。何がいいとは言えません。

人生も半ばにさしかかろうとしている自分も、たしかに行き先に迷ったときもありました。しかし、ベトナムという国に出会ったことで、今後も生きる力と勇気が湧いてきたような気がします。

みなさんも、もし疲れたなら、ぜひベトナムへ行ってみてください。きっと何かをつかみ取って帰って来ると思います。


今後、まだまだ何が起こるかわからない自分に、XÚC ĐỘNG!

最後に、この本を手に取ってくれた人に、XÚC ĐỘNG!

二〇〇一年十一月十五日

著者

**著者プロフィール**

**武藤 唯彦**（むとう ただひこ）

昭和21年、山梨県生まれ。韮崎高校卒業後、幾多の職業を経験したのち、昭和54年、酒販店を経営。平成４年に大手スーパーにテナントとして入店。現在、有限会社武藤酒店役員。

XÚC《スック》 DỘNG《ドン》 VIỆTNAM《ベトナム》　感動！　ベトナム

2002年５月15日　初版第１刷発行

著　者　武藤 唯彦
発行者　瓜谷 綱延
発行所　株式会社 文芸社
〒160-0022　東京都新宿区新宿1-10-1
電話　03-5369-3060（編集）
　　　03-5369-2299（販売）
振替　00190-8-728265
印刷所　東洋経済印刷株式会社



ISBN4-8355-3810-2 C0095